Talents à l'étranger

Panorama de l'émigration malienne

Cet ouvrage est publié sous la responsabilité du Secrétaire général de l'OCDE. Les opinions et les arguments exprimés ici ne reflètent pas nécessairement les vues officielles des pays Membres de l'OCDE.

Ce document, ainsi que les données et cartes qu'il peut comprendre, sont sans préjudice du statut de tout territoire, de la souveraineté s'exerçant sur ce dernier, du tracé des frontières et limites internationales, et du nom de tout territoire, ville ou région.

Merci de citer cet ouvrage comme suit :
OCDE (2022), *Panorama de l'émigration malienne*, Talents à l'étranger, Éditions OCDE, Paris, https://doi.org/10.1787/fb8707e4-fr.

ISBN 978-92-64-95497-7 (imprimé)
ISBN 978-92-64-68423-2 (pdf)

Talents à l'étranger
ISSN 2790-2846 (imprimé)
ISSN 2790-2854 (en ligne)

Crédits photo : Couverture © Colin Anderson/Blend Images/Inmagine LTD

Les corrigenda des publications sont disponibles sur : www.oecd.org/fr/apropos/editionsocde/corrigendadepublicationsdelocde.htm.
© OCDE 2022

L'utilisation de ce contenu, qu'il soit numérique ou imprimé, est régie par les conditions d'utilisation suivantes : https://www.oecd.org/fr/conditionsdutilisation.

Avant-propos

Les émigrés sont souvent considérés comme une perte pour leur pays d'origine, mais ils peuvent aussi jouer un rôle important pour la promotion du commerce et du développement économique, notamment en raison des compétences et du réseau qu'ils ont acquis à l'étranger. S'ils choisissent de revenir, leur réintégration sur le marché du travail et dans la société sera facilitée par le fait qu'ils parlent la langue locale, qu'ils détiennent du capital social spécifique et qu'ils possèdent des qualifications reconnues localement.

S'appuyer sur les ressources humaines des émigrés nécessite cependant de maintenir des liens avec eux et de mener des politiques adaptées aux besoins spécifiques de chaque communauté expatriée. Cela implique, comme condition préalable, d'être en mesure d'identifier précisément où, quand et pourquoi les individus ont émigré, leurs caractéristiques sociodémographiques et leurs compétences, ainsi que de bien comprendre la dynamique du phénomène migratoire et des aspirations des émigrés.

Les systèmes statistiques dans les pays d'origine sont généralement mal équipés pour entreprendre cet exercice d'observation. Il est donc utile, voire nécessaire, de construire un système d'information directement à partir de sources de données des pays de destination. Cet exercice est particulièrement difficile car cela implique de collecter des données, à partir de définitions et de concepts comparables, pour un grand nombre de pays à travers lesquels les émigrés sont dispersés. La base de données de l'OCDE sur les immigrés dans les pays de l'OCDE (DIOC), qui regroupe les données de recensement et les données d'enquête, permet d'identifier à travers le temps, les individus selon leur pays de naissance, leur niveau d'éducation et leur situation sur le marché du travail. Cette base de données est un outil puissant pour entreprendre cet exercice de cartographie, en particulier lorsqu'il est complété par des sources nationales disponibles (par exemple des données consulaires, des enquêtes spécifiques, ou bien des analyses de réseaux sociaux) et de nombreuses autres sources de données internationales.

Cette série de rapports par pays intitulée *Talents à l'étranger* vise à fournir une image précise, actualisée et dynamique des diasporas par pays d'origine. Sur cette base, et grâce aux expériences accumulées en matière de mobilisation des diasporas, il est possible de formuler des recommandations en termes de politiques publiques afin de renforcer les liens avec les émigrés et de mobiliser leurs compétences au profit du développement économique dans leur pays d'origine.

Le sixième volume de cette série porte sur le Mali. Ces dernières années, le Mali est confronté à crise sociale, politique et sécuritaire profonde. Compte tenu de l'émigration non négligeable de la population malienne depuis début du 21e siècle, les autorités maliennes, dont le Ministère des Maliens établis à l'Extérieur et de l'Intégration Africaine, cherchent à mieux connaître ce vivier de talents installé à l'étranger. Pour répondre à ces besoins, cette étude a été commandée par l'agence de coopération internationale allemande pour le développement (*Deutsche Gesellschaft für Internationale Zusammenarbeit*, GIZ) et Expertise France dans le cadre du projet « Coopération Sud-Sud en matière de migration », financé par le Ministère fédéral allemand de la Coopération économique et du Développement et l'Union européenne.

Le projet Coopération Sud-Sud en matière de migration s'inscrit dans un partenariat entre quatre pays d'Afrique : le Maroc, la Côte d'Ivoire, le Sénégal et le Mali. Partenaire principal de ce projet, le Maroc au travers du Ministère Délégué auprès du Ministre des Affaires Étrangères, de la Coopération Africaine et des Marocains Résidant à l'étranger, chargé des Marocains Résidant à l'Étranger, est engagé depuis de nombreuses années dans le renforcement de sa coopération avec les pays subsahariens sur les questions migratoires. Des *memoranda* d'entente ont ainsi été signés, notamment avec le Mali (en février 2019). Ces pays rencontrent des défis interdépendants liés à l'élaboration et la mise en œuvre de leurs politiques migratoires, de développement, de mobilité, de réinsertion des migrants de retour et une coopération renforcée avec les administrations européennes. L'objectif est d'optimiser les effets bénéfiques de la migration, tant pour le Mali que pour la Côte d'Ivoire, le Maroc, le Sénégal et pour l'Union européenne.

L'analyse approfondie de la diaspora malienne présentée dans cette publication de l'OCDE permet de déterminer le potentiel économique des émigrés. Elle représente une contribution majeure au projet de renforcement des connaissances sur les communautés maliennes dans les pays de l'OCDE et d'Afrique. Combien y a-t-il d'émigrés, et où se trouvent-ils ? Sont-ils en âge de travailler, et quel est leur niveau d'éducation ? Quelles sont les évolutions récentes de leur nombre et leur profil socio-économique ? Dans quelle mesure participent-ils au marché du travail du pays d'accueil et quelles professions occupent-ils ? Quelle est leur motivation pour émigrer, et quels sont ceux qui reviennent ? Comment contribuent-ils au développement économique du Mali ?

Remerciements

Ce rapport a été rédigé par Thomas Calvo, Charlotte Levionnois, Sara Mouhoud et Gilles Spielvogel. Des contributions précieuses dans la collecte et l'analyse des données ont été apportées par Oscar Barrera, Elsa Gautrain, Taehoon Lee, Jordan Klein et Marion Richard. Cette publication a également bénéficié de la contribution d'Yves Breem. Le Secrétariat de l'OCDE tient à remercier le Ministère des Maliens établis à l'Extérieur et de l'Intégration Africaine, le Ministère Délégué auprès du Ministre des Affaires Étrangères, de la Coopération Africaine et des Marocains Résidant à l'étranger, chargé des Marocains Résidant à l'Étranger, *Deutsche Gesellschaft für Internationale Zusammenarbeit* (GIZ) et Expertise France pour leur appui. Le Secrétariat de l'OCDE tient à remercier l'Union européenne et le Ministère allemand fédéral de la Coopération économique et du Développement (BMZ) sans le soutien desquels cette étude n'aurait pas été possible. Nos remerciements vont à Dominika Andrzejczak et Charlotte Baer pour leur assistance. Nous remercions Jean-Christophe Dumont et les membres de la Division migrations internationales de l'OCDE pour leurs commentaires.

L'analyse des données de l'Insee a été rendue possible grâce à une aide de l'État français gérée par l'Agence Nationale de la Recherche au titre du programme Investissements d'avenir portant la référence ANR-10-EQPX-17 (Centre d'accès sécurisé aux données – CASD).

La présente publication a été élaborée avec l'aide de l'Union européenne. Elle est publiée sous la responsabilité du Secrétaire général de l'OCDE. Les opinions et les interprétations exprimées ne reflètent pas nécessairement le point de vue de l'Union européenne, du BMZ, de la GIZ, d'Expertise France ou des pays membres de l'OCDE.

Table des matières

Avant-propos 3

Remerciements 5

Résumé 10

1 Tendances récentes de l'émigration malienne 14
    En bref 15
    Contexte historique de l'émigration malienne vers les pays de l'OCDE et vers les pays africains 15
    Flux migratoires récents du Mali vers les pays de l'OCDE 17
    Une diminution récente des flux pour motif professionnel au profit des flux humanitaires et familiaux 20
    Les souhaits d'émigration des Maliens 23
    Conclusion 27
    Références 27
    Notes 28

2 Effectifs et caractéristiques socio-démographiques de la diaspora malienne 29
    En bref 30
    Évolution récente des effectifs d'émigrés maliens 31
    Distribution régionale des émigrés maliens dans certains pays de destination 36
    Composition démographique de la diaspora malienne 38
    Distribution de l'éducation parmi les émigrés maliens dans les pays de l'OCDE 42
    Taux d'émigration vers les pays de l'OCDE 45
    Références 47

3 Situation des émigrés maliens sur le marché du travail 48
    En bref 49
    Une insertion difficile des émigrés maliens sur le marché travail 50
    Le taux d'emploi supérieurs des émigrés maliens les plus éduqués cache une grande inadéquation entre leur qualification et les emplois occupés 60
    Les émigrés maliens sont surreprésentés dans les professions élémentaires 62
    En France, une activité tournée vers les services et le secteur privé 65
    Intégration économique difficile des descendants d'émigrés maliens en France 67
    Conclusion 68
    Références 69
    Notes 69

4 Aspects de l'intégration sociale des émigrés maliens — 70
- En bref — 71
- Compétences et pratique de la langue des pays de destination — 74
- Acquisition de la nationalité des émigrés maliens dans les pays de l'OCDE — 76
- Conclusion — 81
- Références — 82
- Notes — 82

5 Les liens entre le Mali et sa diaspora : contributions économiques et migrations de retour — 83
- En bref — 84
- Les transferts de fonds des émigrés maliens — 85
- Les migrations de retour vers le Mali — 87
- Références — 90
- Notes — 90

Annexe A. Sources de données sur les émigrés maliens — 91
- Références — 93

Annexe B. Différentes définitions des Maliens résidant à l'étranger — 94

GRAPHIQUES

Graphique 1.1. Entrées annuelles de ressortissants de quelques pays de la CEDEAO dans les pays de l'OCDE, 2001-19 — 18
Graphique 1.2. Entrées annuelles de ressortissants maliens dans les pays de l'OCDE, 2000-19 — 18
Graphique 1.3. Entrées annuelles de ressortissants maliens dans les principaux pays de destination de l'OCDE, 2000-19 — 19
Graphique 1.4. Permis de séjour délivrés par les pays européens de l'OCDE aux ressortissants maliens, par catégorie d'admission, 2010-20 — 20
Graphique 1.5. Permis de séjour délivrés par l'Italie, la France et l'Espagne aux ressortissants maliens, par catégorie d'admission, 2010-19 — 21
Graphique 1.6. Permis de séjour délivrés par l'Espagne, la France et l'Italie aux ressortissants maliens, par sexe et catégorie d'admission, 2019 — 22
Graphique 1.7. Intentions d'émigration dans les pays de l'UEMOA, 2010-18 — 24
Graphique 1.8. Intentions d'émigration pour différents groupes au Mali, 2010-18 — 25
Graphique 1.9. Intentions d'émigration et opinions des personnes nées et résidant au Mali, 2009-18 — 26
Graphique 1.10. Raisons principales du souhait d'émigration au sein de la population malienne, 2016/18 — 27
Graphique 2.1. Population émigrée née dans les pays d'UEMOA et vivant dans les pays de l'OCDE, 2000 à 2020 — 32
Graphique 2.2. Effectif des émigrés maliens dans les 20 principaux pays de destination — 33
Graphique 2.3. Évolution des effectifs d'émigrés maliens dans les principaux pays de destination de l'OCDE, 2000-20 — 34
Graphique 2.4. Distribution géographique des réfugiés maliens, 2020 — 35
Graphique 2.5. Principaux pays de destination des étudiants maliens en mobilité internationale, 2014 et 2019 — 36
Graphique 2.6. Distribution régionale des émigrés maliens en France comparée à celle de l'ensemble des immigrés et de la population totale, 2018/19 — 37
Graphique 2.7. Distribution régionale des ressortissants maliens en Italie comparée à celle de l'ensemble des étrangers et de la population totale, 2020 — 37
Graphique 2.8. Distribution régionale des émigrés maliens en Espagne comparée à celle de l'ensemble des immigrés et de la population totale, 2020 — 38
Graphique 2.9. Part des femmes parmi les émigrés nés au Mali et dans les autres pays de l'UEMOA résidant dans les pays de l'OCDE, 2015/16 — 39

Graphique 2.10. Distribution par groupe d'âge des émigrés maliens dans les pays de l'OCDE et de différents groupes de comparaison, 2015/16 — 40

Graphique 2.11. Distribution par âge et sexe de la population des émigrés maliens dans quelques pays de destination de l'OCDE, 2015/16 — 40

Graphique 2.12. Distribution des émigrés maliens selon leur durée de séjour dans les pays de destination de l'OCDE, 2015/16 — 41

Graphique 2.13. Distribution des émigrés maliens selon leur durée de séjour dans leurs principaux pays de destination de l'OCDE, 2015/16 — 42

Graphique 2.14. Distribution de l'éducation parmi les émigrés maliens dans les pays de l'OCDE et différents groupes de comparaison, 2000/01 et 2015/16 — 43

Graphique 2.15. Distribution de l'éducation parmi les émigrés nés au Mali et dans les autres pays de l'UEMOA résidant dans les pays de l'OCDE, 2015/16 — 43

Graphique 2.16. Distribution de l'éducation parmi les émigrés nés au Mali selon leur pays de résidence, 2015/16 — 44

Graphique 2.17. Distribution de l'éducation parmi les émigrés nés au Mali selon le sexe, 2000/01 et 2015/16 — 45

Graphique 2.18. Taux d'émigration des pays de l'UEMOA vers les pays de l'OCDE, 2000/01 et 2015/16 — 46

Graphique 2.19. Taux d'émigration des personnes nées au Mali, selon le sexe et le niveau d'éducation, 2015/16 — 47

Graphique 3.1. Statut d'activité des émigrés maliens en âge de travailler selon le pays de destination dans les pays de l'OCDE, 2015/16 — 50

Graphique 3.2. Taux d'emploi des émigrés selon le pays de naissance et le pays de destination dans les pays de l'OCDE, 2015/16 — 51

Graphique 3.3. Évolutions des taux d'emploi, de chômage et d'inactivité des émigrés maliens selon le temps écoulé depuis l'arrivée en France, 2017/20 — 52

Graphique 3.4. Taux d'emploi selon le genre et le statut dans l'emploi des émigrés maliens en Côte d'Ivoire et au Sénégal, 2015 et 2013 — 53

Graphique 3.5. Taux d'emploi des émigrés selon le pays de naissance dans les pays de l'OCDE, 2010/11 et 2015/16 — 54

Graphique 3.6. Taux d'emploi des émigrés selon le pays de naissance et le pays de destination dans les pays de l'OCDE, 2010/11 et 2015/16 — 55

Graphique 3.7. Taux d'emploi des émigrés maliens selon le genre et de l'ensemble des immigrés en France, 2011/2020 — 55

Graphique 3.8. Taux d'emploi des émigrés selon le pays de naissance et le genre dans les pays de l'OCDE, 2015/16 — 57

Graphique 3.9. Taux d'emploi des émigrés selon le genre, le pays de naissance et le pays de destination dans les pays de l'OCDE, 2015/16 — 58

Graphique 3.10. Taux d'emploi des émigrés selon le niveau d'éducation et le pays de naissance dans les pays de l'OCDE, 200/11 et 2015/16 — 59

Graphique 3.11. Taux d'emploi des émigrés selon le niveau d'étude atteint, le pays de naissance et le pays de destination dans les pays de l'OCDE, 2015/16 — 60

Graphique 3.12. Taux de déclassement des émigrés selon le pays de naissance et le pays de destination dans les pays de l'OCDE, 2015/16 — 61

Graphique 3.13. Professions des émigrés maliens selon le genre dans les pays de l'OCDE, 2015/16 — 63

Graphique 3.14. Professions des émigrés maliens selon le pays de destination dans les pays de l'OCDE, 2015/16 — 64

Graphique 3.15. Professions des émigrés maliens selon le genre, le niveau d'éducation et la nationalité en France, 2017/20 — 65

Graphique 3.16. Distribution des travailleurs par secteur d'activité selon le pays de naissance en France, 2017/20 — 66

Graphique 3.17. Professions des travailleurs selon le pays de naissance des parents en France, 2017/20 — 68

Graphique 4.1. Évolution du nombre de décès enregistrés en France entre 2019 et 2020, selon le pays de naissance des personnes décédées et le genre — 73

Graphique 4.2. Scores de littératie et numératie des 16 ans et plus selon leur pays de naissance dans les pays de l'OCDE, 2012 — 74

Graphique 4.3. Acquisitions annuelles de la nationalité des principaux pays de destination de l'OCDE par les émigrés maliens, 2000/2019 — 77

Graphique 4.4. Émigrés de l'UEMOA avec la nationalité du pays de l'OCDE de destination selon le pays de naissance, 2015/16 — 78

Graphique 4.5. Émigrés maliens ayant acquis la nationalité des principaux pays de destination de l'OCDE, 2015/16 — 79

Graphique 4.6. Émigrés maliens ayant acquis la nationalité française selon la durée de séjour, 2018/19   80
Graphique 4.7. Émigrés maliens ayant acquis la nationalité française selon la durée de séjour, le genre (à gauche) et le niveau d'éducation (à droite), 2018/19   81
Graphique 5.1. Transferts de fonds, aide publique au développement et investissements directs reçus par le Mali, 2005-20   85
Graphique 5.2. Transferts de fonds reçus par le Mali et les autres pays de l'UEMOA, 2020   86
Graphique 5.3. Part des migrants de retour dans la population du Mali, par genre et groupe d'âge, 2009   88

TABLEAUX

Tableau 3.1. Distribution des travailleurs émigrés maliens par secteur d'activité en France selon le genre et le niveau d'éducation atteint, 2017/20   67

Suivez les publications de l'OCDE sur :

 *http://twitter.com/OECD_Pubs*

 http://www.facebook.com/OECDPublications

 http://www.linkedin.com/groups/OECD-Publications-4645871

 http://www.youtube.com/oecdilibrary

 http://www.oecd.org/oecddirect/

Résumé

Les flux d'émigration en provenance du Mali vers l'OCDE ont plus que quadruplé depuis le début des années 2000

Les flux migratoires depuis le Mali vers les pays de l'OCDE ont fortement augmenté, passant d'environ 2 400 en 2000 à environ de 10 400 personnes en 2019. Ces flux sont supérieurs au flux médian des pays de la Communauté des États d'Afrique de l'Ouest (CEDEAO), mais inférieurs aux flux migratoires en provenance du Sénégal, du Ghana et de la Côte d'Ivoire. Plus de 50 % des flux d'émigration malienne vers les pays de l'OCDE sont dirigés vers la France et l'Italie. La croissance continue des flux migratoires vers les pays de l'OCDE s'est intensifiée depuis le début de la crise sécuritaire et politique au Mali en 2012. Les flux migratoires depuis le Mali vers d'autres pays d'Afrique sont majoritairement orientés vers ses voisins, en premier lieu la Côte d'Ivoire puis le Burkina Faso, le Niger et la Mauritanie.

Les flux récents sont partagés entre les motifs humanitaires, professionnels et familiaux

Alors que les permis de séjour étaient principalement octroyés par les pays européens pour des motifs professionnels et familiaux en 2010, le nombre de permis pour motifs humanitaires a significativement augmenté à partir de 2012 jusqu'à représenter plus de la moitié des titres entre 2016 et 2018. En 2020, 30 % des permis de séjour délivrés l'ont été pour des raisons humanitaires, autant pour des raisons professionnelles et 26 % pour des motifs familiaux. Le type de permis délivrés aux ressortissants maliens varie significativement selon le pays de destination. La France octroie par exemple un nombre substantiel de permis pour motif d'études aux ressortissants maliens.

Des intentions d'émigrer relativement faibles, exception faite des jeunes et des diplômés du supérieur

Un Malien sur cinq indiquait souhaiter quitter le pays pour vivre de façon permanente à l'étranger entre 2010 et 2018. Ces intentions d'émigration sont relativement fortes chez les diplômés du supérieur, les chômeurs et les jeunes. La situation sur le marché du travail, particulièrement celle des personnes éduquées et des jeunes, peut notamment expliquer cette répartition des intentions d'émigration.

Près de 170 000 émigrés maliens vivent dans les pays de l'OCDE

Avec environ 170 000 émigrés maliens résidant dans les pays de l'OCDE en 2020, le Mali est le troisième pays de l'UEMOA avec le plus grand nombre d'émigrés résidant dans les pays de l'OCDE, après le Sénégal et la Côte d'Ivoire. Le nombre d'émigrés maliens a augmenté de 245 % depuis 2000 ; 48 000 émigrés maliens résidaient dans les pays de l'OCDE. La France est de loin le premier pays de destination de l'OCDE des émigrés maliens : environ 105 000 émigrés maliens y résident (2020). Viennent ensuite l'Espagne (plus de 26 000 émigrés maliens en 2020) et l'Italie (environ 25 000 personnes).

La grande majorité des émigrés maliens réside toutefois sur le continent africain

Les estimations les plus récentes font état d'environ 1.3 million émigrés maliens résidant dans le monde en 2020. Plus de 80 % d'entre eux résideraient en Afrique de l'Ouest, soit environ 1 million d'émigrés. Les principaux pays de destination des émigrés maliens sont la Côte d'Ivoire et le Nigéria. La Mauritanie, le Niger, la Guinée et le Burkina Faso sont également des destinations importantes des émigrés maliens en Afrique.

Une diaspora malienne jeune et très masculine

La diaspora malienne est peu féminisée relativement à celles des autres pays de l'UEMOA : en 2015/16, 37 % des émigrés maliens vivant dans les pays de l'OCDE étaient des femmes. Cette proportion est significativement inférieure à celle de l'ensemble des immigrés dans l'OCDE et à celle de l'ensemble des émigrés de l'UEMOA (42 %). Le nombre de femmes nées au Mali résidant dans les pays de l'OCDE a toutefois augmenté plus rapidement que le nombre d'hommes entre 2000/2001 et 2015/2016. La proportion de femmes parmi les émigrés maliens est relativement élevée en France (40 %) et nettement plus faible en Italie et en Espagne (15 %).

Le niveau d'éducation des émigrés maliens est relativement faible mais a fortement augmenté depuis 2000

En 2015/16, plus de la moitié des émigrés maliens vivant dans les pays de l'OCDE avaient un niveau d'éducation faible et 19 % un niveau d'éducation élevé. Cette part est la plus faible de l'ensemble des émigrés originaires des pays de l'UEMOA. Toutefois en 15 ans, le niveau d'éducation des émigrés maliens dans les pays de l'OCDE a augmenté : la part des émigrés maliens ayant un diplôme du supérieur a augmenté de 7 points de pourcentage. Les émigrés maliens dans les pays de l'OCDE sont très nettement plus éduqués que l'ensemble de la population malienne, reflétant la très forte sélection positive de l'émigration des pays en développement vers les pays de l'OCDE.

Le taux d'émigration des Maliens vers l'OCDE est relativement faible

En 2015/16 le taux d'émigration du Mali vers les pays de l'OCDE était de 1.1 %, largement inférieur à celui de nombreux autres pays d'Afrique. Le taux d'émigration des Maliens augmente de façon très forte avec leur niveau d'éducation : le taux d'émigration des diplômés du supérieur atteint ainsi près de 9 %. Les femmes nées au Mali et diplômées du supérieur ont un taux d'émigration plus élevé que celui de leurs homologues masculins.

Une insertion sur le marché du travail des émigrés maliens difficile mais inégale selon les pays de destination

Parmi les plus de 100 000 émigrés maliens en âge de travailler dans les pays de l'OCDE, 61 % étaient en emploi en 2015/2016. Ce taux, similaire à celui de l'ensemble des émigrés de l'UEMOA, était significativement inférieur à celui des immigrés et des natifs de l'OCDE. Ces niveaux d'emploi diffèrent selon les pays de destination : le taux d'emploi des émigrés maliens est ainsi plus élevé en Espagne et en France qu'en Belgique.

Les femmes nées au Mali accèdent à l'emploi plus difficilement que les hommes dans les pays de l'OCDE. Seule la moitié d'entre elles sont en emploi, contre 68 % des hommes. La durée de séjour comme l'acquisition de la nationalité du pays de destination facilitent l'accès à l'emploi. Enfin, l'insertion sur le marché du travail des émigrés maliens s'améliore avec leur niveau d'éducation : les émigrés maliens diplômés du supérieur étaient 66 % à avoir un emploi contre 58 % de ceux avec un niveau d'éducation faible.

Les émigrés maliens sont surreprésentés dans les professions faiblement qualifiées

La meilleure insertion des émigrés maliens avec un niveau d'étude supérieur cache une inadéquation entre leur qualification et les emplois occupés dans les pays de l'OCDE. Plus de la moitié d'entre eux occupait un emploi ne nécessitant pas un tel niveau d'éducation en 2015/2016. Si les taux de déclassement varient substantiellement d'un pays de destination à l'autre, ils sont plus élevés pour les émigrés maliens n'ayant pas fait leurs études dans le pays de destination.

Les émigrés maliens sont surreprésentés dans les professions les moins qualifiées. Plus d'un tiers des actifs occupés nés au Mali occupaient une profession élémentaire en 2015/2016 contre 10 % des natifs. Ce sont essentiellement des femmes qui occupaient ces emplois. Moins d'un émigré malien sur cinq en emploi occupe un poste hautement qualifié, mais cette part est plus faible parmi les femmes.

La majorité des émigrés maliens n'a pas la nationalité de leur pays d'accueil

Au cours des 20 dernières années, le nombre annuel d'acquisitions de la nationalité des pays de l'OCDE par les émigrés maliens est passé d'environ 770 à 4 900. La très grande majorité des acquisitions de nationalité par les émigrés maliens concerne la nationalité française.

Dans l'ensemble des pays de l'OCDE, un tiers des émigrés maliens ont la nationalité de leur pays d'accueil, une proportion inférieure à celle de l'ensemble des immigrés dans l'OCDE (50 %) et des émigrés de l'UEMOA (40 %). Cette proportion varie toutefois selon le pays d'accueil : elle est particulièrement faible en Italie et en Espagne mais relativement élevée au Canada et en France. Ces différences s'expliquent notamment par les législations nationales et le caractère plus ou moins récent de l'immigration malienne dans ces pays.

Les transferts de fonds des émigrés maliens s'élèvent à 1 milliard USD en 2019

Les transferts de fonds ont été multipliés par près de quatre depuis 2005. Le ratio entre les transferts de fonds et le PIB est passé de 2.8 % à 5.8 % entre 2005 et 2019/20 ; il a toutefois légèrement diminué ces dernières années. Cette augmentation peut refléter une réelle croissance du poids des transferts dans l'économie, mais elle reflète également leur formalisation progressive. Près d'un quart des transferts de fonds reçus par le Mali proviennent d'autres pays de l'UEMOA – principalement de Côte d'Ivoire et du Sénégal – tandis que près de la moitié proviennent de la zone euro – principalement de France et d'Espagne.

Plus de la moitié des migrants de retour au Mali reviennent de Côte d'Ivoire

En 2009, on comptabilisait environ 259 000 migrants de retour au Mali, soit 1.8 % de la population. Cette proportion était de près de 3 % en 2016. La distribution régionale des migrants de retour reflète globalement la distribution de la population, mais ils sont surreprésentés dans les régions de Kayes et Sikasso, et largement sous-représentés dans le Nord du pays. Environ 60 % des migrants de retour vivant au Mali reviennent de Côte d'Ivoire.

Les migrants de retour revenant de Côte d'Ivoire ont en moyenne un niveau d'éducation inférieur à celui de la population malienne, alors que ceux revenant de France ont beaucoup plus souvent terminé leurs études secondaires. Dans l'ensemble, ils ne semblent pas pénalisés sur le marché du travail malien.

1 Tendances récentes de l'émigration malienne

Ce chapitre examine les tendances récentes de l'émigration malienne vers les principaux pays de destination de l'OCDE. Afin de mieux comprendre l'évolution récente des flux migratoires en provenance du Mali, ce chapitre retrace tout d'abord le contexte historique de l'émigration malienne depuis la moitié du XXe siècle. Le chapitre examine ensuite l'évolution récente des flux d'émigration en provenance du Mali vers les pays de l'OCDE, puis analyse la nature de ces flux grâce aux données sur les catégories de titres délivrés aux ressortissants maliens dans les principaux pays de destination de l'OCDE. Enfin, la dernière section examine les intentions d'émigration au sein de la population malienne et les principaux facteurs explicatifs de ces souhaits d'émigration.

En bref

Principaux résultats

- Les flux d'émigration en provenance du Mali vers les pays de l'OCDE ont fortement augmenté au cours des 20 dernières années, passant d'environ 2 400 entrées en 2000 à près de 10 400 en 2019.
- Bien que les flux restent essentiellement dirigés vers la France, l'Italie et l'Espagne, les pays de destination de l'OCDE des émigrés maliens se sont légèrement diversifiés au cours des 20 dernières années, notamment vers les États-Unis et le Canada.
- Les flux d'émigration ont connu une croissance particulièrement forte à partir de 2012 jusqu'en 2017. Cette hausse est principalement imputable à l'augmentation considérable des flux humanitaires à destination de l'Italie engendrés notamment par le conflit armé débuté en 2012 dans le Nord du Mali.
- Les migrations récentes depuis le Mali vers les pays européens de l'OCDE ont été de plus en plus dominées par les flux migratoires humanitaires et familiaux aux dépens des flux pour motif professionnel.
- Les hommes sont surreprésentés parmi les ressortissants maliens émigrant dans les pays européens de l'OCDE au cours des dix dernières années.
- Les flux d'émigration en provenance du Mali sont majoritairement dirigés vers les pays de la CEDEAO, la Côte d'Ivoire restant de loin le premier pays de destination des Maliens, suivie des pays limitrophes, le Burkina Faso, le Niger, la Mauritanie et le Sénégal.
- Les Maliens expriment moins souvent l'intention d'émigrer que les populations des autres pays de l'UEMOA : 20 % d'entre eux indiquent souhaiter quitter le Mali tandis que cela concerne en moyenne 28 % de l'ensemble des personnes résidant dans les pays de l'UEMOA et 37 % des personnes résidant en Afrique sub-saharienne.
- Les intentions d'émigration sont cependant plus élevées parmi les jeunes (31 %), les diplômés du supérieur (27 %) et les chômeurs (27 %).
- Pour la plupart des personnes ayant l'intention de quitter le Mali, ce souhait est lié à une situation économique ou d'emploi difficile.

Contexte historique de l'émigration malienne vers les pays de l'OCDE et vers les pays africains

Le Mali a une longue histoire migratoire, principalement vers les pays africains, et vers les pays du sud de la Méditerranée. L'émigration est une composante centrale et traditionnelle de la société malienne, prenant racine bien avant la période coloniale. La situation géographique du pays, au croisement des principaux axes marchands entre le Maghreb et l'Afrique Sub-saharienne, a très tôt favorisé la mobilité de la population malienne, notamment pour le commerce de certains produits comme le sel, le bétail ou l'or, mais aussi par le trafic d'esclave (Mesplé-Somps et Nilsson, 2020[1]). La situation climatique du Mali, étant situé sur la zone saharienne, la zone soudanaise et la zone sahélienne, a aussi déterminé les mouvements migratoires des Maliens : le climat de la zone soudano-sahélienne caractérisé par des sécheresses récurrentes, des déficits hydriques, et l'irrégularité des pluies a contribué aux mouvements migratoires internationaux en provenance du Mali, notamment des populations agricoles et pastorales souhaitant trouver des points d'eau. Comme dans la plupart des territoires du Sahel, les pratiques d'utilisation de l'espace étaient caractérisées par la transhumance, le nomadisme et l'agriculture extensive, favorisant donc des mouvements migratoires réguliers (Mesplé-Somps et Nilsson, 2020[1]). Les sécheresses sont aussi un facteur d'exode rural (Defrance, Delesalle et Gubert, A paraître[2]).

Le Mali a longtemps constitué une réserve de main-d'œuvre pour les grands projets industriels et agricoles, en particulier à partir de l'époque coloniale. Les Soninkés, notamment présents dans la région de Kayes, sont considérés comme les premiers migrants : leurs activités commerçantes leur ont permis de se déplacer plus facilement et ainsi d'établir un réseau migratoire. Ils ont d'abord été mobilisés, au début du 20e siècle afin de travailler dans la construction de routes et des chemins de fer de Dakar à Bamako (Keïta, 2009[3]). Pendant la Seconde Guerre Mondiale, les Soninkés ont été mobilisés dans l'armée française. Certains d'entre eux se sont installés en France après la guerre, développant ainsi progressivement d'importants réseaux migratoires. L'émigration malienne depuis la région de Kayes vers la France s'est donc accentuée dans les années 1950 (Lecomte, 2009[4]). Lors de la même période, le développement économique rapide de la Côte d'Ivoire a rendu ce pays attractif aux populations des pays voisins de la région, conduisant à l'émergence des flux migratoires depuis le Mali vers la Côte d'Ivoire. Dans les années 1950, l'émigration temporaire du Mali vers le Ghana est aussi devenue relativement importante (Keïta, 2009[3]).

À l'indépendance du Mali en 1960, le Président socialiste Modibo Keïta, au pouvoir jusqu'en 1968, a incité les Maliens établis à l'extérieur à revenir au Mali et a mis en place des restrictions sur l'émigration des Maliens. À la fin des années 1960 et au début des années 1970, l'émigration malienne s'est particulièrement intensifiée notamment lorsque le Sahel a été frappé par de grandes vagues de sécheresse. Durant cette période, le Mali a traversé, au même titre que les autres pays du Sahel des crises alimentaires et socioéconomiques considérables. Les famines, les niveaux élevés de pauvreté et d'inégalités économiques et sociales ainsi que la répression politique du régime en place ont provoqué l'émigration internationale de nombreux Maliens (Keïta, 2009[3]). Les flux migratoires vers la Côte d'Ivoire se sont particulièrement intensifiés : les émigrés maliens ont ainsi répondu à la demande de main d'œuvre croissante en Côte d'Ivoire, notamment dans le secteur agricole et plus particulièrement les plantations de café et de cacao mais aussi dans des activités maritimes et de transports. Les Maliens émigraient alors aussi dans des pays voisins comme le Sénégal, le Burkina Faso ou le Gabon.

Par ailleurs, les besoins de main d'œuvre en France ont conduit à l'intensification des flux migratoires depuis le Mali, et particulièrement depuis la région de Kayes, vers la France dans les années 1960 et au début des années 1970. L'émigration malienne en France s'est aussi amplifiée à cette période en raison de la méfiance envers les travailleurs algériens suscité en France par la Guerre d'Algérie conduisant au recrutement d'immigrés d'Afrique sub-saharienne (Boulanger et Mary, 2011[5]). L'arrêt de l'immigration de travail décidé en 1974 par le gouvernement français a donné un coup d'arrêt aux flux vers la France. Néanmoins ces restrictions ont aussi favorisé d'une part, l'installation des émigrés maliens vivant déjà en France, et d'autre part, le regroupement familial. Dans les années 1980, de nombreux Maliens qualifiés qui ont émigré en France pour leurs études s'y sont installés, au lieu de retourner au Mali comme les précédents étudiants maliens l'avaient fait, en raison de la situation économique très défavorable au Mali.

La crise économique à partir des années 1980 puis la crise politico-militaire de 2002 en Côte d'Ivoire a provoqué le retour de nombreux immigrés maliens, particulièrement vers le Sud du Mali dans les régions agricoles et minières. Ces régions ont aussi accueilli un afflux d'immigrés d'autres nationalités, notamment ivoirienne, guinéenne et burkinabée fuyant la Côte d'Ivoire.

Les restrictions additionnelles instaurées par la France concernant d'abord spécifiquement les étudiants puis les regroupements familiaux à la fin des années 1980 et les crises économiques et politiques en Côte d'Ivoire ont conduit à une diversification des pays de destination des émigrés maliens. L'Espagne, aux conditions d'entrée moins contraignantes et aux besoins de main d'œuvre plus forts que la France, est devenue attractive pour les émigrés maliens. À partir des années 1990 et 2000, les Maliens se sont de plus en plus dirigés vers les États-Unis, où l'obtention d'un visa puis de la nationalité leur semblait plus facile qu'en France (Boulanger et Mary, 2011[5]).

Les conflits armés qui ont éclaté dans le nord du Mali en janvier 2012 et le coup d'état militaire à Bamako qui a renversé le chef de l'État Amadou Toumani Touré en mars 2012 ont généré des mouvements importants de populations à l'intérieur du pays, mais aussi vers l'étranger. Ces mouvements ont notamment concerné les populations des trois régions du nord du pays (Tombouctou, Gao et Kidal), qui se sont déplacées vers le centre et le sud du Mali, ou bien vers les pays frontaliers. Avec le déplacement du conflit malien vers le centre du pays, des populations des régions de Mopti et de Ségou ont dû fuir leur zone de résidence. Aujourd'hui, plus de 500 000 résidents maliens sont déplacés, en majorité dans le pays (environ 370 000 déplacés internes) et dans les pays limitrophes (150 000 réfugiés) (DNDS/OIM, 2021[6]) En Europe, les migrations humanitaires du Mali vers l'Italie ont fortement augmenté dans les années 2010.

Le Mali est aussi un pays de transit des migrations africaines, dont les migrations illégales, notamment pour les émigrés ouest-africains comme la Guinée, le Sénégal et la Gambie. Ces émigrés font généralement étape à Bamako (Streiff-Fénart et Poutignat, 2014[7]) avant de rejoindre les villes des régions du nord du Mali puis l'Algérie, la Libye, le Maroc ou la Tunisie, parfois dans le but de rejoindre l'Europe (OIM, 2020[8]). C'est aussi un pays de transit pour les migrations de retour dont le trajet par le Sahara n'a pas abouti.

Flux migratoires récents du Mali vers les pays de l'OCDE

Des flux d'émigration vers la zone OCDE moins élevés que certains pays de la CEDEAO mais une croissance soutenue

Parmi les pays membres de la Communauté Économique des États d'Afrique de l'Ouest (CEDEAO), le Mali ne fait pas partie des pays dont les flux migratoires vers les pays de l'OCDE sont les plus élevés. En moyenne entre 2000 et 2019, les flux migratoires depuis le Nigéria, le Sénégal, le Ghana, la Guinée et la Côte d'Ivoire étaient supérieurs à ceux du Mali (Graphique 1.1). Les flux migratoires depuis le Mali vers les pays de l'OCDE ont atteint près de 10 400 personnes en 2019 (fluctuant entre 10 000 et 13 000 entre 2015 et 2019). Le volume des flux maliens est légèrement inférieur mais relativement proche de ceux des flux depuis la Guinée et la Côte d'Ivoire, tandis que les flux depuis le Nigéria étaient de l'ordre de 70 000 personnes en 2019.

Entre 2000 et 2010, la croissance des flux d'émigration depuis le Mali a été particulièrement forte (180 %) relativement aux principaux pays de la CEDEAO dont les flux d'émigration vers l'OCDE étaient les plus élevés, à l'exception de la Guinée (350 %). Entre 2010 et 2019, le nombre d'entrées annuelles de ressortissants maliens dans les pays de l'OCDE a cru de près de 40 %, une croissance intermédiaire en comparaison avec les autres pays de la région. La croissance des flux migratoires a été moins forte en provenance du Sénégal (18 %), mais nettement plus forte en ce qui concerne la Gambie, la Guinée et la Guinée-Bissau (plus de 110 %).

Graphique 1.1. Entrées annuelles de ressortissants de quelques pays de la CEDEAO dans les pays de l'OCDE, 2001-19

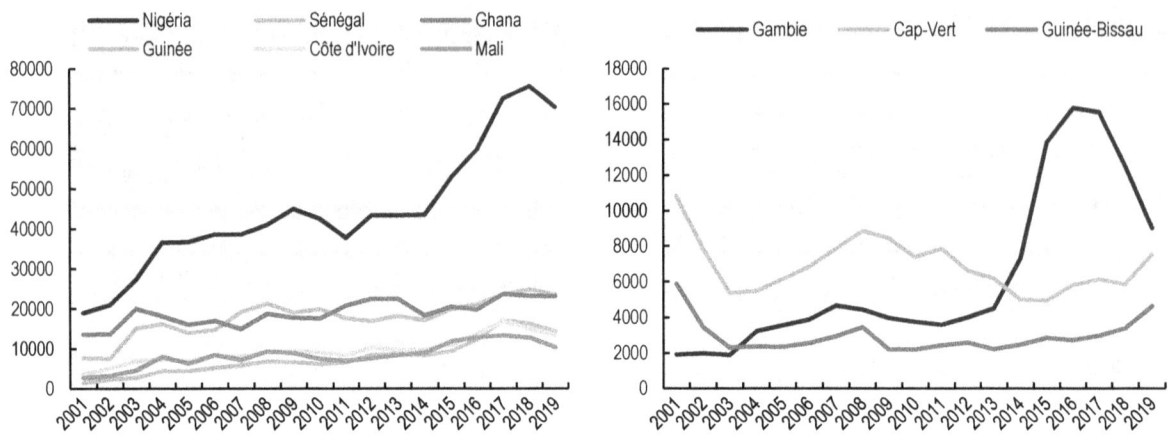

Source : Base de données de l'OCDE sur les migrations internationales (2020).

Une augmentation significative des flux vers les pays de l'OCDE depuis 2000

Depuis 2000, les flux d'émigration depuis le Mali vers les pays de l'OCDE ont fortement augmenté. Comme l'indiquent les chiffres issus de la *Base de données de l'OCDE sur les migrations internationales* (cf. Annexe A), le nombre d'entrées annuelles légales de ressortissants maliens dans les pays de l'OCDE est passé d'environ 2 400 en 2000 à plus de 9 000 en 2008 et à environ 10 400 en 2019. La croissance des flux d'émigration a été essentiellement concentrée entre 2000 et 2004 (230 %) et entre 2012 et 2017 (280 %). On a observé, à partir de 2018, une diminution des flux vers les pays de l'OCDE. La reprise de l'augmentation des flux d'émigration à partir de 2012 peut s'expliquer par le conflit armé débuté la même année au nord du Mali, qui a provoqué le déplacement international de milliers de personnes vivant au Mali comme noté plus haut

Graphique 1.2. Entrées annuelles de ressortissants maliens dans les pays de l'OCDE, 2000-19

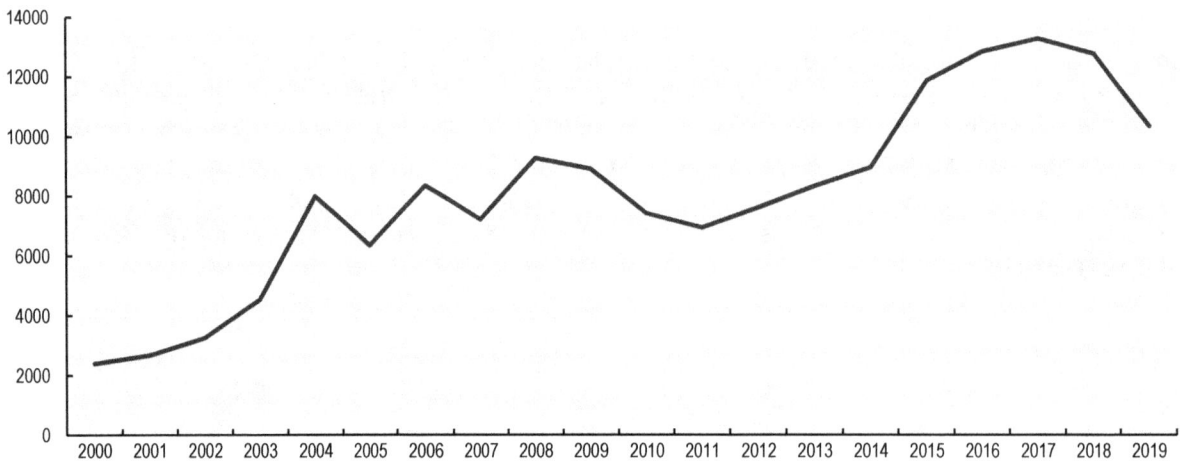

Note : Les chiffres présentés sont la somme des entrées brutes pour les pays pour lesquels ces données sont disponibles.
Source : Base de données de l'OCDE sur les migrations internationales (2020).

Parmi les pays de l'OCDE, la France a longtemps été le premier pays de destination des émigrés maliens. Au début des années 2000, plus de 65 % des flux de ressortissants maliens vers les pays de l'OCDE étaient dirigés vers la France. À partir de 2004, les entrées annuelles de ressortissants maliens en Espagne ont plus que triplé (de 1 400 à 4 800 environ) dépassant ainsi jusqu'en 2007, les flux migratoires vers la France. Au cours de la première décennie, l'Espagne et la France absorbaient en moyenne près de 90 % des flux d'émigration maliens dans l'OCDE. Toutefois à partir de 2007, les flux à destination de l'Espagne ont fortement diminué passant de 4 300 en 2006 à environ 1 100 en 2017. Cette diminution coïncide notamment avec la mise en place par le gouvernement espagnol d'un renforcement substantiel des dispositifs de contrôle des flux migratoires depuis le Mali et d'autres pays ouest-africains à partir de 2006 (Gabrielli, 2009[9])

La baisse des flux d'émigration vers l'Espagne s'est faite au profit de l'augmentation des flux d'émigration à destination de la France d'abord (87 % de croissance entre 2007 et 2009), et de l'Italie ensuite, qui a connu à partir de 2012 une augmentation considérable du nombre d'entrées annuelles de ressortissants maliens (Graphique 1.3). Les flux vers l'Italie sont passés d'environ 200 personnes avant 2011 à près de 1 500 en 2012 et ont atteint un pic de 6 800 personnes en 2017. L'augmentation des titres de séjour délivrés par l'Italie aux ressortissants maliens à cette période concernait essentiellement des permis de courte durée (inférieure à 12 mois). Cette augmentation coïncide également avec une forte croissance du nombre de demandes d'asile de ressortissants maliens en Italie (de 65 en 2010 à près de 10 000 en 2014 et 7 600 en 2017). Il s'agit donc essentiellement de flux migratoires humanitaires déclenchés par le conflit civil au Mali. Entre 2017 et 2019, le nombre de permis de séjour délivrés par l'Italie a considérablement baissé (de près de 76 %).

Bien que les flux restent essentiellement concentrés vers la France, l'Italie et l'Espagne, les pays de destination des émigrés maliens dans l'OCDE se sont légèrement diversifiés au cours des 20 dernières années. Tout d'abord, les flux migratoires à destination des États-Unis, quatrième pays de destination de l'OCDE en 2019, ont été multipliés par presque six entre 2000 et 2011 puis ont relativement stagné jusqu'en 2019. Les ressortissants maliens se sont également dirigés de manière croissante vers l'Allemagne et le Canada. Néanmoins, les flux migratoires vers ces trois pays ne représentaient que 15 % des flux vers les pays de l'OCDE en 2019 (Graphique 1.3).

Graphique 1.3. Entrées annuelles de ressortissants maliens dans les principaux pays de destination de l'OCDE, 2000-19

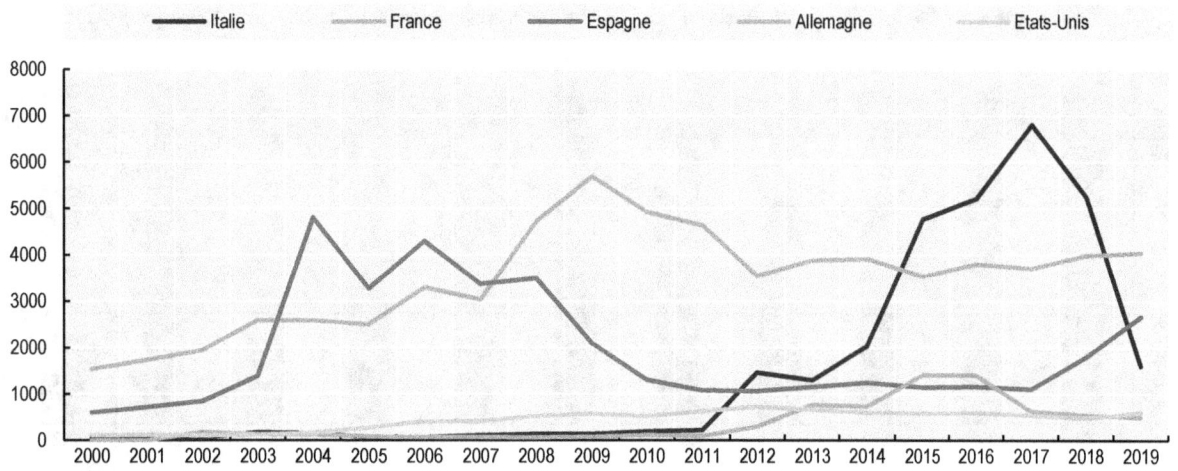

Source : Base de données de l'OCDE sur les migrations internationales (2020), http://dx.doi.org/10.1787/data-00342-fr. Pour l'Italie : Istat (2020).

Les flux récents en provenance du Mali vers les pays de l'OCDE sont caractérisés par une surreprésentation considérable des hommes, et des jeunes. En 2020, les femmes ne représentaient que 20 % des ressortissants maliens ayant reçu un titre de séjour par les pays européens de l'OCDE. Ce déséquilibre est encore plus prononcé en Italie : en moyenne entre 2012 et 2019, plus de 90 % des titulaires maliens étaient des hommes. En 2019, cette part était de 76 % en France et de 68 % en Espagne. Les ressortissants maliens recevant des titres de séjour italiens sont particulièrement jeunes :: 55 % d'entre eux étaient âgés de moins de 19 ans et 60 % de 20 à 34 ans en 2017. Les personnes âgées de plus de 35 ans ne représentaient donc que 2 % des ressortissants maliens en Italie, tandis qu'ils représentaient près de 20 % en France et en Espagne.

Une diminution récente des flux pour motif professionnel au profit des flux humanitaires et familiaux

En 2010, la majorité des permis de séjour délivrés par les pays européens de l'OCDE aux ressortissants maliens étaient délivrés pour des motifs professionnels (40 %) et familiaux[1] (30 %). Entre 2012 et 2015, la part des permis délivrés pour motif professionnel a substantiellement diminué au profit des permis pour motif familial (45 % des permis en 2015) et des permis « autre », catégorie qui comprend essentiellement des permis pour des motifs humanitaires. La part de ces permis humanitaires a fortement augmenté en 2012 (+ 12 points de pourcentage par rapport à 2011) et a atteint 60 % des permis délivrés aux ressortissants maliens en 2017. La migration humanitaire, en raison notamment des conséquences considérables du conflit civil déclenché en 2012, est devenue majoritaire dans les flux de ressortissants maliens vers les pays européens de l'OCDE au cours des cinq dernières années (Graphique 1.4). À partir de 2018, le nombre de permis pour motif familial a retrouvé un niveau plus élevé à mesure que la part des permis humanitaires a diminué. Ainsi en moyenne en 2019 et en 2020, les permis pour motifs familiaux, humanitaires et professionnels représentaient respectivement environ 30 % des permis, tandis que les permis pour motif d'études représentaient près de 15 % des permis, soit une augmentation de 7 points de pourcentage depuis 2012.

Graphique 1.4. Permis de séjour délivrés par les pays européens de l'OCDE aux ressortissants maliens, par catégorie d'admission, 2010-20

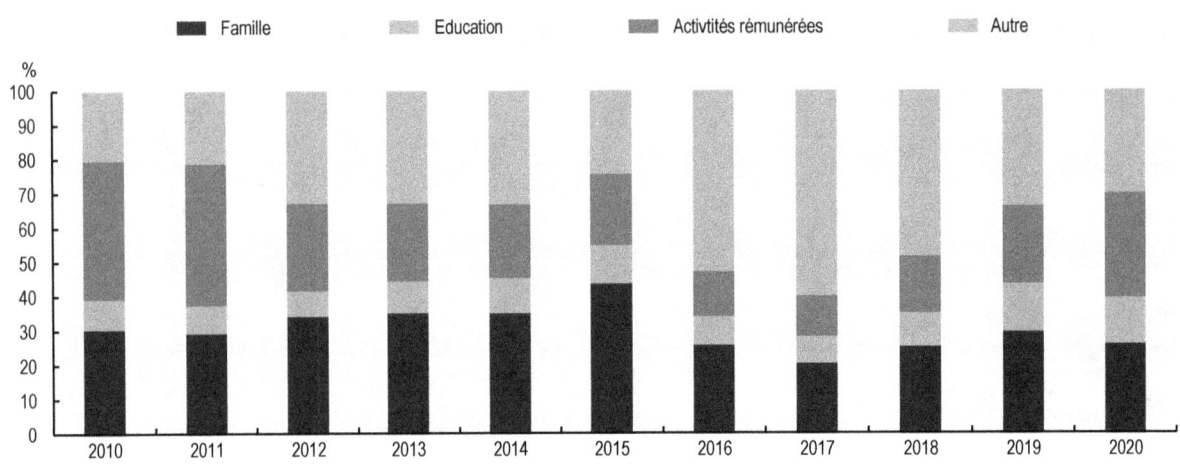

Note : Les données correspondent aux premiers titres de séjour délivrés à des ressortissants maliens pour toutes durées.
Source : Eurostat, 2020 (base de données « Permis délivrés pour la première fois par raison, durée de validité et nationalité »).

Le type de permis délivrés aux ressortissants maliens varie significativement selon les pays de destination. La France est le seul pays parmi les principaux pays de destination en Europe à octroyer un nombre substantiel de permis de séjour pour motif éducatif : la part de ces derniers est passée d'environ 10 % des permis en 2010 à près de 20 % en 2020, tandis que cette part n'a pas dépassé 2 % des permis délivrés par l'Italie et l'Espagne au cours de cette période (Graphique 1.5). Cela peut s'expliquer par la connaissance de la langue française par les jeunes Maliens, l'offre de bourses subventionnées par l'État, ainsi que la qualité et le faible coût des études relativement à d'autres pays. La part des permis pour motif familial a fluctué entre 30 % et 45 % des permis délivrés par la France aux ressortissants maliens entre 2010 et 2018, puis a légèrement diminué en 2020.

Les flux migratoires du Mali vers l'Espagne ont été principalement dominés par les motifs professionnels et familiaux au cours des dix dernières années. Le part de permis pour motif professionnel est passée de 67 % des permis en 2010 à 40 % en 2020. Cette diminution s'est produite parallèlement à une augmentation des permis pour motif familial (34 % en 2020).

Les flux vers l'Italie présentent une tendance significativement différente. Au cours des dix dernières années la grande majorité des permis de séjour délivrés par l'Italie aux ressortissants maliens ont été délivrés pour des motifs humanitaires (80 % en moyenne). À partir de 2018, on observe une légère diminution du nombre de permis humanitaires délivrés par l'Italie, et une augmentation du nombre de permis délivrés pour motif familial, dont la part est passée de 2 % des permis en 2017 à 15 % en 2020 (Graphique 1.5).

Graphique 1.5. Permis de séjour délivrés par l'Italie, la France et l'Espagne aux ressortissants maliens, par catégorie d'admission, 2010-19

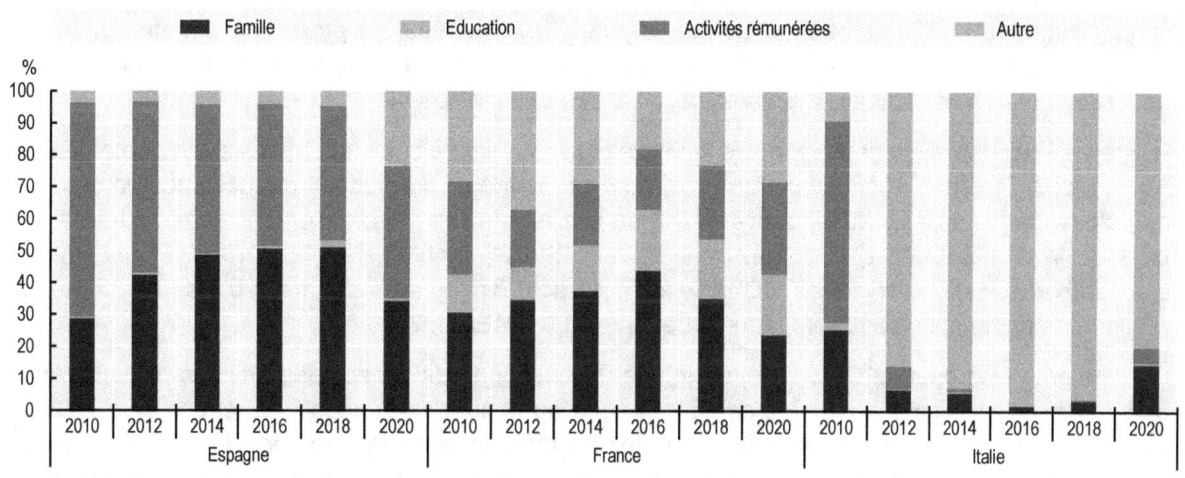

Note : Les données correspondent aux premiers titres de séjour délivrés à des ressortissants maliens pour toutes durées.
Sources : Eurostat, 2020 (base de données « Permis délivrés pour la première fois par raison, durée de validité et nationalité »). Italie : Istat, 2020.

Comme le montre le Graphique 1.6, les femmes maliennes reçoivent nettement plus souvent des permis pour motif familial que les hommes. En 2019, 45 % des femmes maliennes ont reçu des permis pour motif familial en France contre 20 % des hommes. Cet écart est particulièrement prononcé pour les permis délivrés par l'Italie et l'Espagne : près de 90 % des femmes ont reçu des permis familiaux, contre 42 % des hommes en Espagne et seulement 6 % en Italie. En 2019, les hommes maliens en Italie ont essentiellement obtenu des permis humanitaires. En France et en Espagne, les hommes ont plus souvent reçu des permis pour motifs professionnels.

Graphique 1.6. Permis de séjour délivrés par l'Espagne, la France et l'Italie aux ressortissants maliens, par sexe et catégorie d'admission, 2019

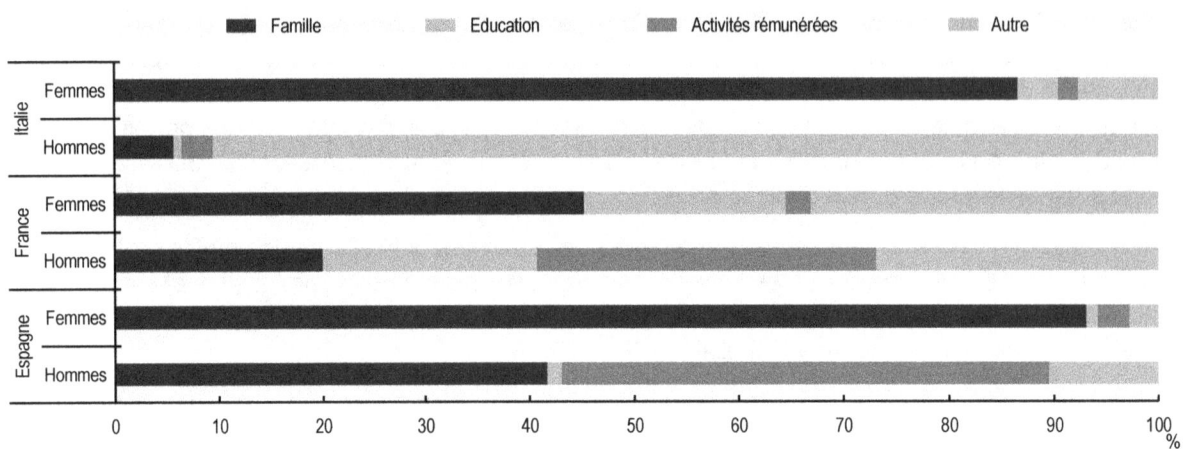

Note : Les données correspondent aux premiers titres de séjour délivrés à des ressortissants maliens pour toutes durées.
Source : Eurostat, 2020 (Base de données « Permis délivrés pour la première fois par raison, âge, sexe et nationalité »).

> **Encadré 1.1. Les migrations régionales et la libre circulation des Maliens au sein de la CEDEAO**
>
> La Communauté économique des États de l'Afrique de l'Ouest (CEDEAO) a été créée en 1975 avec la ratification du Traité de Lagos, afin de promouvoir et d'assurer la coopération et l'intégration d'abord économique puis politique des États-membres. Entre 1979 et 1993, six protocoles ont été signés afin d'établir notamment le droit d'entrée, l'abolition du visa pour un séjour de moins de 90 jours et le droit de résidence au sein des pays membres de la CEDEAO (ICMPD/OIM, 2015[10]).
>
> La majorité des flux d'émigration depuis le Mali se font au sein du continent africain, principalement en Afrique de l'Ouest. Il existe toutefois très peu de données permettant de documenter ces flux migratoires régionaux. En 2018, près de 42 % de l'ensemble des flux d'émigration en provenance des pays de la CEDEAO se sont dirigés vers d'autres États membres de la CEDEAO. Parmi les flux d'émigration sortant de la zone CEDEAO, 23 % se sont dirigés vers des pays d'Afrique, 23 % vers l'Union européenne, et 14 % vers l'Amérique du Nord (CEDEAO, 2019[11]).
>
> Comme noté plus haut, la Côte d'Ivoire est une destination traditionnelle des émigrés maliens. Alors que les crises politiques survenues en Côte d'Ivoire au début des années 2000 et des années 2010 avaient conduit à des mouvements de retour des migrants maliens, les flux récents de ressortissants maliens en Afrique de l'Ouest restent majoritairement dirigés vers la Côte d'Ivoire (Mesplé-Somps et Nilsson, 2020[1]). Les autres principaux pays de destination des Maliens au sein de la CEDEAO sont les pays frontaliers : le Burkina Faso, le Niger, la Mauritanie et le Sénégal. Les données d'enquête auprès des ménages (EMOP) collectées en 2011 et 2016 mettent en évidence une légère diversification des pays de destination des ressortissants maliens en Afrique. On observe une augmentation des flux migratoires depuis le Mali vers d'autres pays d'Afrique comme le Gabon et la Libye tandis que les flux vers les pays frontaliers ont légèrement diminué (Mesplé-Somps et Nilsson, 2020[1]).
>
> Les flux migratoires entre les pays de la CEDEAO correspondent principalement à des migrations de travail et des migrations humanitaires (ICMPD/OIM, 2015[10]). Les déplacements forcés depuis le Nord du Mali se sont particulièrement intensifiés au cours des dix dernières années en raison des violences qui frappent le pays. Les flux migratoires au sein de la CEDEAO surtout des migrations temporaires,

saisonnières, ainsi que des déplacements transfrontaliers de courte durée. Les flux de migration de travail passent majoritairement par l'axe Dakar-Agadez qui lie le Sénégal, le Mali, le Burkina Faso et le Niger (OIM, 2019[12]).

La pandémie de COVID-19 et les restrictions imposées par l'ensemble des pays dans le monde ont provoqué une diminution considérable des flux migratoires. L'OIM a estimé que les flux migratoires au sein de l'Afrique de l'Ouest et l'Afrique Centrale ont été réduits de 48 % entre 2019 et le premier semestre de 2020. En juin 2020, il a été estimé que plus de 30 000 migrants étaient bloqués aux frontières. Des milliers de travailleurs saisonniers, et particulièrement les éleveurs transhumants transfrontaliers qui se déplacent au sein de la zone du Mali, du Burkina Faso et de la Côte d'Ivoire, sont restés bloqués aux frontières. Néanmoins, malgré les restrictions sanitaires, des flux migratoires se sont poursuivis pour certaines catégories de migrants qui se sont déplacés de façon irrégulière (IOM, 2020[13]).

Les souhaits d'émigration des Maliens

Appréhender les intentions d'émigration au sein de la population du Mali permet de mieux comprendre l'ampleur et les raisons des flux migratoires en provenance de ce pays. Par ailleurs, les intentions d'émigration peuvent donner des indications utiles sur les tendances futures de ces flux. L'enquête mondiale Gallup (voir Annexe A) recueille des informations sur les intentions d'émigration des personnes nées et résidant au Mali âgées de 15 ans ou plus. La disponibilité d'informations sur les caractéristiques de ces individus permet d'analyser la corrélation entre les intentions de quitter le pays et différentes variables socio-économiques, comme le niveau d'éducation ou la situation de l'emploi.

Des intentions d'émigration faibles relativement aux pays de l'UEMOA, mais élevées parmi les jeunes

Relativement aux autres pays de l'UEMOA, les Maliens expriment moins souvent l'intention d'émigrer : entre 2010 et 2018, 20 % des personnes de 15 ans et plus nées et résidant au Mali indiquent souhaiter vivre de façon permanente dans un autre pays, tandis que cette proportion était de 28 % en moyenne dans l'ensemble des pays de l'UEMOA et de 37 % dans l'ensemble des pays d'Afrique sub-saharienne (Graphique 1.7). Seuls les Nigériens expriment moins souvent l'intention de quitter leur pays (17 %). En 2018, les destinations favorites des Maliens exprimant le désir d'émigrer étaient la France (20 %) et les États-Unis (16 %). Alors que l'Espagne et l'Italie font partie des principaux pays de destination des émigrés maliens, ces pays sont peu cités par les répondants comme destinations souhaitées (seulement 6 % pour l'Espagne et 3 % pour l'Italie). Ces pays semblent ainsi davantage représenter une étape éventuelle dans le parcours migratoire des Maliens que des pays de destination où s'installer de façon durable.

Graphique 1.7. Intentions d'émigration dans les pays de l'UEMOA, 2010-18

Part de la population (âgée de 15 ans ou plus) née dans le pays qui considère émigrer de façon permanente

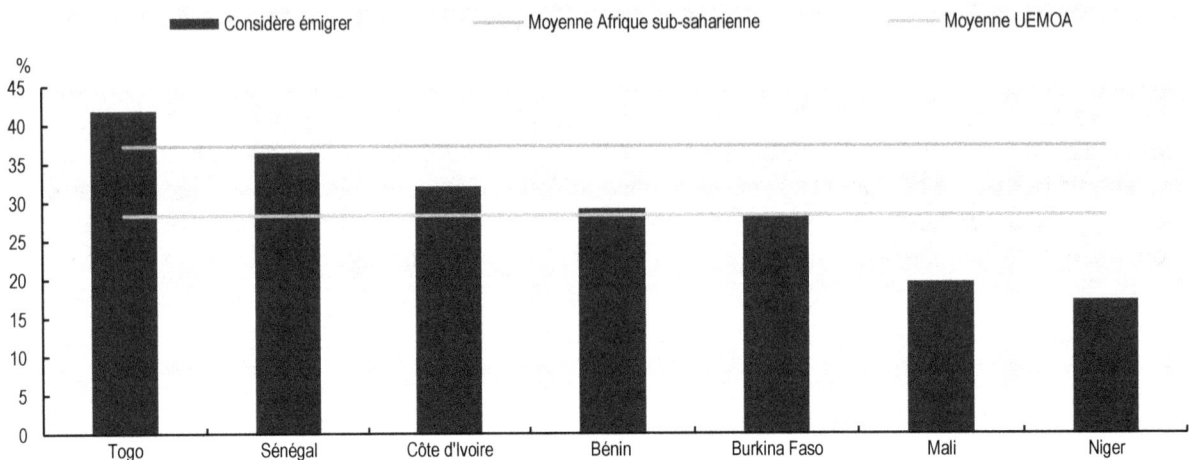

Note : Les données sur les personnes nées en Guinée-Bissau ne sont pas disponibles. On considère émigrer si l'on répond « oui » à la question : « Dans l'idéal, si vous en aviez l'opportunité, souhaiteriez-vous vivre de façon permanente dans un autre pays? ». Les résultats sont pondérés.
Source : Enquête mondiale Gallup (2020).

Les intentions d'émigration des Maliens ont augmenté entre 2010-15 et 2016-18, une tendance commune à l'ensemble des pays de la région, à l'exception du Burkina Faso où les intentions d'émigration sont restées stables. Toutefois, cette hausse a été nettement moins forte au Mali que dans les autres pays de l'UEMOA.

La plupart des personnes souhaitant quitter le Mali ont toutefois peu de chances de concrétiser leurs intentions d'émigration à court ou moyen terme. La question « envisagez-vous de partir vivre de façon permanente dans un autre pays dans les 12 prochains mois » permet d'évaluer si la volonté d'émigrer est susceptible de se traduire en action dans un horizon temporel défini. Les réponses à cette question mettent en évidence, pour tous les pays de l'UEMOA, un décalage important entre l'intention d'émigration et la probabilité que cette intention se concrétise à court terme. Au Mali, environ un tiers des personnes souhaitant émigrer considéraient le faire au cours des 12 prochains mois, et seulement 16 % indiquaient avoir commencé à préparer leur départ du pays.

Les jeunes, les personnes hautement qualifiées et les chômeurs ont plus souvent l'intention d'émigrer

Les intentions d'émigration varient significativement selon les caractéristiques sociodémographiques comme l'âge, le niveau d'éducation et la situation sur le marché du travail. Dans tous les pays de l'UEMOA, les intentions d'émigration sont particulièrement élevées parmi les jeunes (personnes âgées de 15 à 24 ans). Comme le montre le Graphique 1.8, 31 % des jeunes Maliens expriment l'intention d'émigrer, soit plus de 10 points de pourcentage de plus que l'ensemble de la population. Les jeunes maliens expriment toutefois moins souvent l'intention d'émigrer que les jeunes des autres pays de l'UEMOA. Il existe par ailleurs, une différence majeure entre hommes et femmes dans les intentions d'émigration : seulement 14 % des femmes maliennes indiquent souhaiter quitter le pays, soit 11 points de pourcentages de moins que parmi les hommes, une tendance commune à la plupart des pays de l'UEMOA.

On observe également des différences selon la situation sur le marché du travail et le niveau d'éducation. Les individus se déclarant au chômage indiquent plus souvent souhaiter quitter le Sénégal : 27 % souhaitent quitter le pays (Graphique 1.8), alors que ce n'est le cas que de 20 % des personnes indiquant avoir un emploi. De même, les individus ayant un niveau d'éducation intermédiaire et élevé ont plus souvent l'intention d'émigrer que les personnes ayant un niveau d'éducation faible (seulement 17 % d'entre eux indiquent souhaiter émigrer).

La situation de l'emploi et particulièrement la situation défavorable des diplômés du supérieur sur le marché du travail au Mali peut notamment expliquer cette répartition des intentions d'émigration. En effet, l'inadéquation entre l'offre et la demande de travail et la difficulté pour les personnes possédant un niveau d'éducation intermédiaire ou élevé à trouver un emploi correspondant à leurs qualifications et à leurs aspirations peuvent les conduire à envisager de rechercher une meilleure situation à l'étranger. En plus de la difficulté de l'insertion professionnelle pour les jeunes et les personnes hautement éduquées au Mali, les emplois occupés sont souvent des emplois informels et précaires (Boutin, 2013[14]).

Toutefois, les intentions d'émigration ne correspondent pas toujours aux décisions réelles d'émigration, en particulier pour certains groupes démographiques. Les personnes en emploi ou hautement qualifiées ont probablement plus de capital économique et social, nécessaires pour émigrer, que les jeunes ou les personnes au chômage, qui font face à de difficultés pour envisager concrètement cette émigration. Les facteurs déterminant les intentions d'émigration et la possibilité de faire des plans concrets d'émigration sont toutefois très nombreux, et liés à la fois à des contraintes structurelles et conjoncturelles, mais aussi aux caractéristiques individuelles, aux attitudes à l'égard de la migration, au contexte familial, aux réseaux transnationaux, et à la qualité de vie perçue (Piguet et al., 2020[15]).

Graphique 1.8. Intentions d'émigration pour différents groupes au Mali, 2010-18

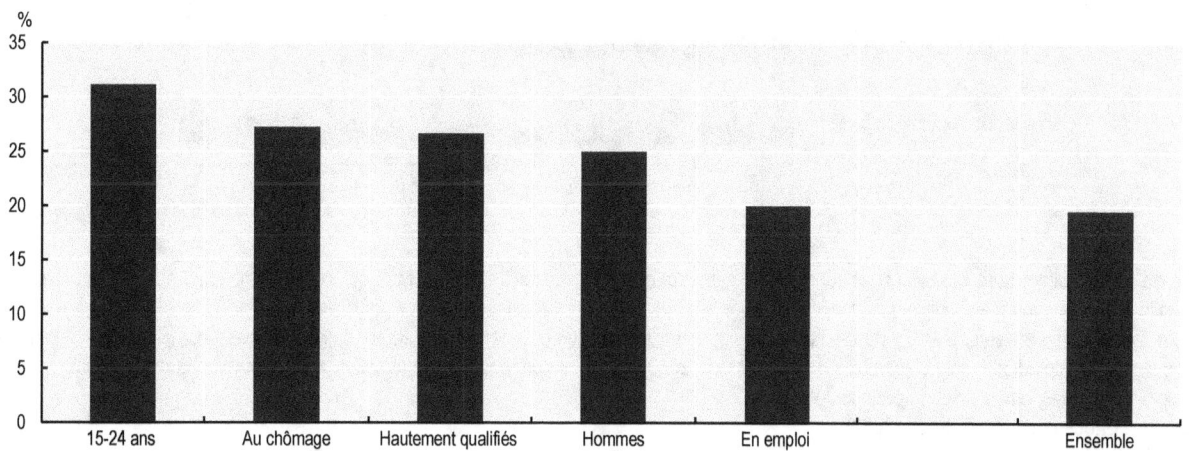

Note : On considère émigrer si l'on répond « oui » à la question : « Dans l'idéal, si vous en aviez l'opportunité, souhaiteriez-vous vivre de façon permanente dans un autre pays? ». Les personnes hautement qualifiées sont les personnes possédant un niveau d'éducation « élevé », c'est à dire un niveau d'études supérieures qui correspond à au moins quatre années après le lycée sanctionnées par un diplôme.
Source : Enquête mondiale Gallup (2020).

Les difficultés économiques et le manque d'opportunités sur le marché de l'emploi alimentent les intentions d'émigration

Les mesures disponibles sur le bien être subjectif des Maliens souhaitant émigrer mettent en lumière les déterminants des intentions d'émigration, et donc pour partie les facteurs explicatifs des mouvements migratoires effectifs. Au Mali, la difficulté à trouver un bon emploi semble être la principale cause du souhait d'émigration. En effet, le Graphique 1.9 montre que près de 65 % des personnes ne souhaitant pas émigrer considèrent que leur emploi actuel est l'emploi idéal, tandis que ce n'est le cas que pour environ un tiers des individus souhaitant quitter le pays. Bien que la part des personnes affirmant être satisfaites de la liberté de mener leur vie soit élevée, elle reste inférieure pour les personnes souhaitant émigrer (64 %) à celle des individus ne souhaitant pas quitter le Mali (71 %). De plus, les personnes exprimant le désir d'émigrer sont légèrement plus susceptibles d'avoir des amis et de la famille à l'étranger sur qui ils peuvent compter.

Ces résultats sont confirmés par les résultats de l'enquête Afrobaromètre qui couvre plus de 30 pays africains (voir Annexe A). D'après les données de la vague d'enquête 2016/2018, le motif principal du souhait d'émigration des Maliens est lié aux difficultés économiques auxquelles ils font face au Mali, et ce quel que soit leur âge. Pour près de 27 % d'entre eux, leur désir d'émigrer est alimenté par la volonté de trouver un emploi . Enfin, 10.5 % des Maliens indiquent que la pauvreté est le motif le plus important de leur souhait d'émigrer (Graphique). Au total, plus de huit adultes maliens souhaitant émigrer sur dix (83 %) le feraient pour des raisons économiques.

Graphique 1.9. Intentions d'émigration et opinions des personnes nées et résidant au Mali, 2009-18

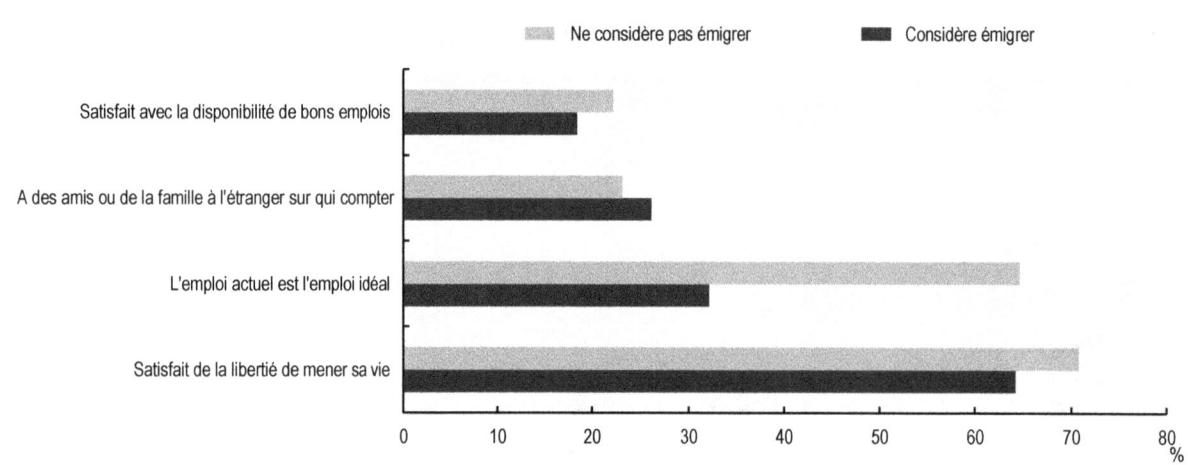

Note : Les résultats sont basés sur les réponses des personnes nées et résidentes au Mali qui considèrent émigrer selon leur souhait d'émigration. Les données pour la question « personnes sur qui compter à l'étranger » sont disponibles pour la période 2009-15; les données pour la question « satisfait de la liberté de mener sa vie » sont disponibles pour la période 2009-18; les données pour la question « l'emploi actuel est l'emploi idéal » sont disponibles pour la période 2010-13; et les données pour la question « satisfait avec la disponibilité de bons emplois » sont disponibles pour la période 2010-12.
Source : Enquête mondiale Gallup (2020).

Graphique 1.10. Raisons principales du souhait d'émigration au sein de la population malienne, 2016/18

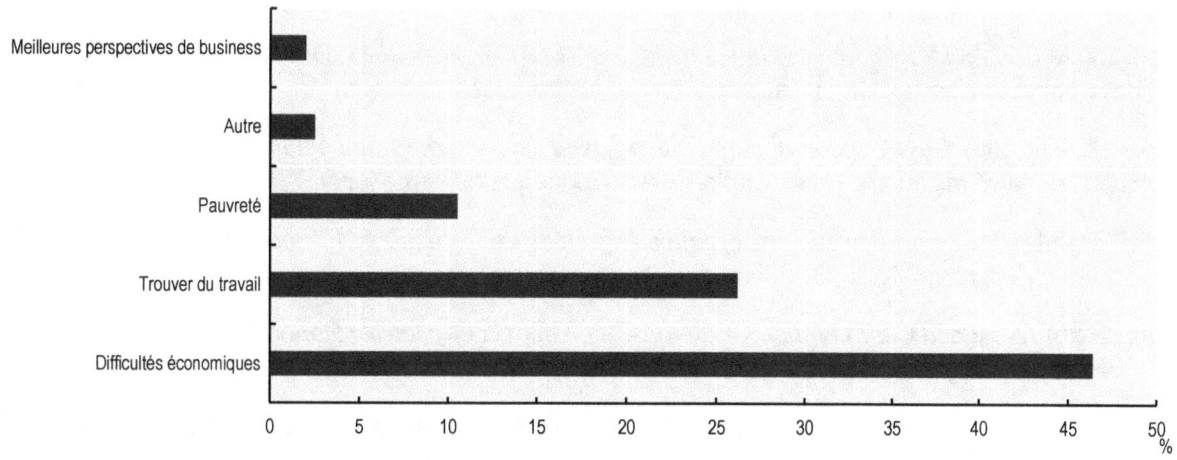

Note : Cette question n'est pas disponible pour les vagues d'enquête précédentes. Répond à la question « Il y a plusieurs raisons pour lesquelles les gens quittent leur domicile pour vivre dans un autre pays pendant une période prolongée. Et vous? Quelle est la raison la plus importante pour laquelle vous envisageriez de quitter le [pays]? » N=242.
Source : Afrobaromètre (2020), vague d'enquête 2016/2018.

Conclusion

Les flux d'émigration en provenance du Mali vers les pays de l'OCDE ont beaucoup augmenté au cours des 20 dernières années et sont essentiellement dirigés vers la France, l'Italie et l'Espagne. Les flux migratoires vers les pays de l'OCDE ont connu une croissance particulièrement forte à partir de 2012, surtout à destination de l'Italie, engendrée notamment par le début du conflit armé au Mali. Les flux ont donc été de plus en plus dominés par les migrations humanitaires et familiales, au dépens des flux pour motif professionnel. Les hommes sont largement surreprésentés parmi les ressortissants maliens récents dans les pays européens de l'OCDE. Cependant, la grande majorité des flux d'émigration des Maliens se font au sein du continent africain et principalement en Afrique de l'Ouest, la Côte d'Ivoire restant de loin leur premier pays de destination, suivie des pays limitrophes, le Burkina Faso, le Niger, la Mauritanie et le Sénégal. Si les intentions d'émigration son plus faibles au Mali que parmi l'ensemble des populations des pays voisins, elles partagent la même caractéristique d'être plus élevées parmi les jeunes, les diplômés du supérieur et les chômeurs. Les difficultés économiques et le manque d'opportunités d'emploi au Mali sont en effet les principaux motifs poussant les Maliens à exprimer le souhait d'émigrer.

Références

Boulanger, C. et K. Mary (2011), « Les Maliens en France et aux États-Unis », *e-Migrinter* 7, pp. 17-28, http://dx.doi.org/10.4000/e-migrinter.869. [5]

Boutin, D. (2013), « De l'école à l'emploi : la longue marche de la jeunesse urbaine malienne », *Formation emploi* 124, pp. 23-43, http://dx.doi.org/10.4000/formationemploi.4109. [14]

CEDEAO (2019), *Rapport sur les indicateurs régionaux de la migration en Afrique de l'Ouest en 2018*, Commission de la Communauté Économique des États de l'Afrique de l'Ouest. [11]

Defrance, D., E. Delesalle et F. Gubert (A paraître), « Is migration drought-induced in Mali? An empirical analysis using panel data on Malian localities over the 1987-2009 period », *Environment and Development Economics*. [2]

DNDS/OIM (2021), *Matrice de suivi des déplacements (DTM). Avril 2021*, Direction nationale du développement social, Organisation internationale pour les migrations. [6]

Gabrielli, L. (2009), *Développement et migrations dans l'espace euro-africain : une nouvelle conditionnalité migratoire ?*, Les Cahiers de la Coopération internationale. [9]

ICMPD/OIM (2015), *Enquête sur les politiques migratoires en Afrique de l'Ouest*, International Centre for Migration Policy Development, Organisation Internationale pour les migrations. [10]

IOM (2020), *West and Central Africa — COVID-19 — Impact on Mobility Report (April 2020)*, International Organisation for migrations. [13]

Keïta, S. (2009), « Chapitre 9. Migrations internationales et mobilisation des ressources », dans *Migrants des Suds*, IRD Éditions, http://dx.doi.org/10.4000/books.irdeditions.5840. [3]

Lecomte, E. (2009), *Mali. Des processus migratoires d'abord intra-africains.*, Institut de Recherches Economiques et Sociales. [4]

Mesplé-Somps, S. et B. Nilsson (2020), *Les migrations internationales des Maliens*, Région et Développement, http://www.regionetdeveloppement.org. [1]

OIM (2020), *Matrice de suivi des déplacements (DTM). Suivi des flux de populations Mali*, Organisation internationale pour les migrations. [8]

OIM (2019), *Définir une feuille de route pour la gestion des migrations mixtes - Réunion d'experts de haut niveau.*, Organisation Internationale pour les migrations. [12]

Piguet, E. et al. (2020), « African students' emigration intentions: case studies in Côte d'Ivoire, Niger, and Senegal », *African Geographical Review*, pp. 1-15, http://dx.doi.org/10.1080/19376812.2020.1848595. [15]

Streiff-Fénart, J. et P. Poutignat (2014), « Vivre sur, vivre de la frontière : l'après transit en Mauritanie et au Mali », *Revue européenne des migrations internationales*, vol. 30/2, pp. 91-111, http://dx.doi.org/10.4000/remi.6911. [7]

Notes

[1] Les permis de séjour délivrés pour des motifs familiaux sont majoritairement des permis octroyés à des membres de la famille, surtout des conjoints et des enfants rejoignant des citoyens de l'UE et dans une moindre mesure, des conjoints rejoignant des personnes non-citoyens de l'UE.

2 Effectifs et caractéristiques socio-démographiques de la diaspora malienne

Ce chapitre propose une évaluation des effectifs d'émigrés nés au Mali résidant dans les principaux pays de destination de l'OCDE et d'Afrique de l'Ouest, ainsi que de leur évolution depuis le début des années 2000. Le chapitre discute également leur répartition régionale dans les principaux pays de destination, décrit la composition de la diaspora malienne au travers des caractéristiques sociodémographiques des émigrés et propose une comparaison avec les émigrés des autres pays de l'Union économique et monétaire ouest-africaine (UEMOA). Ce chapitre analyse la distribution de l'éducation des émigrés maliens, en mettant l'accent sur les différences par pays de destination et par genre. Enfin, le chapitre présente l'évolution du taux d'émigration des Maliens, y compris les diplômés du supérieur, vers les pays de l'OCDE, dans une perspective comparative.

En bref

Principaux résultats

- Environ 170 000 émigrés maliens résidaient dans les pays de l'OCDE en 2020, dont plus de 100 000 en France, environ 26 000 en Espagne et 19 000 en Italie.
- Entre 2000 et 2020, le nombre d'émigrés maliens dans les pays de l'OCDE a augmenté de 245 %.
- Environ 1.3 million d'émigrés maliens résidaient dans l'ensemble des pays du monde en 2020. Parmi eux, plus de 80 % vivaient dans un pays d'Afrique de l'Ouest, soit un effectif d'environ 1 million d'émigrés.
- La France est de loin le pays de l'OCDE privilégié par les émigrés maliens : environ 105 000 émigrés maliens résidaient en France en 2020.
- Au sein des principaux pays de destination, les émigrés maliens sont souvent plus concentrés dans les principales régions que ne l'est l'ensemble des immigrés. En France, par exemple, 80 % des émigrés maliens vivent dans la région parisienne, alors que ce n'est le cas que de 38 % de l'ensemble des immigrés.
- En 2015/16, 37 % des émigrés maliens vivant dans les pays de l'OCDE étaient des femmes ; la diaspora malienne est l'une des moins féminisées des pays de l'UEMOA.
- Par rapport à l'ensemble des immigrés vivant dans les pays de l'OCDE, les émigrés maliens sont dans l'ensemble plus jeunes, avec 10 % de 15-24 ans et seulement 6 % de personnes de 65 ans et plus. Au total, 88 % des émigrés maliens sont d'âge actif (15-64 ans).
- Dans l'ensemble des pays de l'OCDE, en 2015/16, 16 % des émigrés maliens vivaient dans leur pays d'accueil depuis moins de cinq ans, tandis que 66 % d'entre eux étaient installés à l'étranger depuis plus de dix ans.
- En 2015/16, plus de la moitié des émigrés maliens vivant dans les pays de l'OCDE (57 %) avaient un niveau d'éducation faible, 24 % avaient un niveau d'éducation intermédiaire et 19 % un niveau d'éducation élevé. En 15 ans, le niveau d'éducation des émigrés maliens dans les pays de l'OCDE a augmenté : la part des émigrés maliens ayant un faible niveau d'éducation a diminué de 12 points de pourcentage, tandis que la part de ceux ayant un diplôme du supérieur a augmenté de 7 points de pourcentage.
- Les émigrés maliens dans les pays de l'OCDE sont très nettement plus éduqués que l'ensemble de la population malienne, ce qui reflète la très forte sélection positive de l'émigration en provenance des pays en développement et à destination des pays de l'OCDE.
- Par rapport aux émigrés originaires des autres pays de l'UEMOA, la part des émigrés maliens ayant un diplôme de l'enseignement supérieur est parmi les plus faibles.
- Si les États-Unis et le Canada accueillent une proportion plus élevée d'émigrés avec un niveau d'éducation supérieur, la France reste le pays qui accueille le plus grand nombre d'émigrés maliens diplômés du supérieur des pays de l'OCDE puisqu'environ 64 % d'entre eux vivent en France.
- Les femmes émigrées maliennes ont en moyenne un niveau d'éducation similaire à celui des hommes. En 2015/16, dans les pays de l'OCDE, 19 % des femmes émigrées maliennes avaient un niveau d'éducation élevé – la même proportion que les hommes.

- Relativement à sa population, le Mali compte peu d'émigrés vivant dans les pays de l'OCDE. En 2015/16 le taux d'émigration du Mali vers les pays de l'OCDE était de 1.1 %, contre 0.7 % en 2000/01.
- Le taux d'émigration du Mali est inférieur à celui du Sénégal (3.5 %), de la Guinée-Bissau (2.7 %) et du Togo (1.5 %), mais supérieur aux taux de plusieurs pays comme le Burkina Faso et le Niger dont les taux d'émigration sont nettement plus faibles.
- Le taux d'émigration des Maliens augmente de façon très forte avec leur niveau d'éducation : le taux d'émigration des personnes ayant au maximum atteint le premier cycle du secondaire est inférieur à 0.7 %, tandis que tandis qu'il est de 8.9 % pour les diplômés du supérieur.
- Alors que le taux d'émigration des femmes est plus faible que celui des hommes pour les personnes peu éduquées, l'inverse est vrai pour les diplômés du supérieur. Les femmes nées au Mali et diplômées du supérieur ont un taux d'émigration de 12 %.

Évolution récente des effectifs d'émigrés maliens

Près de 170 000 émigrés maliens vivent dans les pays de l'OCDE

Les données disponibles les plus récentes indiquent qu'environ 170 000 émigrés maliens résidaient dans les pays de l'OCDE en 2020 (Graphique 2.1). Le Mali est donc le troisième pays de l'UEMOA avec le plus grand nombre d'émigrés résidant dans les pays de l'OCDE, derrière le Sénégal (environ 400 000 émigrés) et la Côte d'Ivoire (environ 240 000 émigrés). Depuis 2000, le nombre d'émigrés maliens dans les pays de l'OCDE a augmenté de façon très importante ; ils étaient en effet environ 48 000 en 2000, 88 000 en 2010 et 110 000 en 2015. Entre 2000 et 2020, leur effectif global dans les pays de l'OCDE a donc augmenté de 245 %, ce qui est comparable à l'évolution observée pour la diaspora ivoirienne, mais nettement supérieur à celle de la diaspora sénégalaise (+185 %). Parmi les autres pays de l'UEMOA, qui ont des diasporas plus petites dans les pays de l'OCDE et pour lesquels on ne dispose pas des données les plus récentes, des évolutions très rapides ont également été observées : entre 2000 et 2015, l'effectif d'émigrés nés au Togo a augmenté de 235 %, tandis que celui des personnes nées au Burkina Faso a augmenté de 213 % ; sur cette même période, le nombre d'émigrés maliens dans les pays de l'OCDE avait augmenté de 125 %.

Graphique 2.2. Effectif des émigrés maliens dans les 20 principaux pays de destination

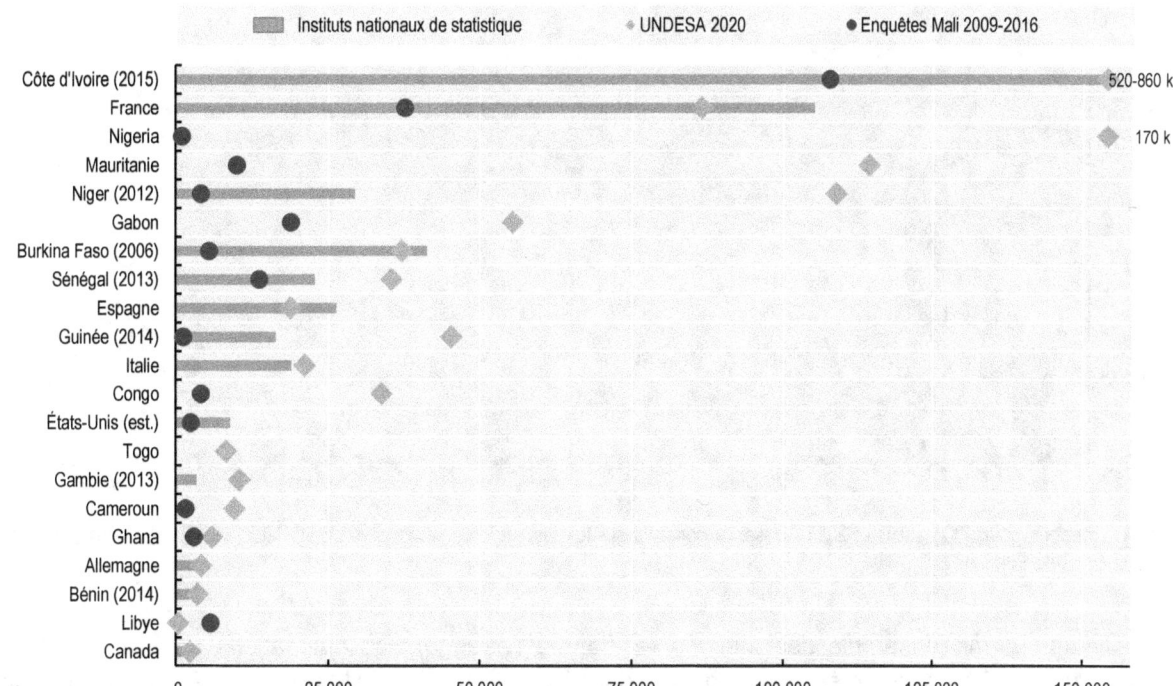

Source : Les données des instituts nationaux de statistique des pays de destination sont généralement des données de recensement ou de registre. Lorsque les données sont antérieures à 2015, l'année est indiquée entre parenthèses à côté du nom du pays. Données UNDESA : United Nations Department of Economic and Social Affairs, Population Division (2020). International Migrant Stock 2020. Données des enquêtes maliennes 2009-16 : données des Enquêtes modulaires et permanentes auprès des ménages (EMOP).

La France, destination privilégiée des émigrés maliens au sein des pays de l'OCDE

Le Graphique 2.3 met en évidence la répartition géographique des émigrés maliens dans les principaux pays de destination de l'OCDE. La France est de loin le pays de l'OCDE privilégié par les émigrés maliens : environ 105 000 émigrés maliens résidaient en France en 2020. Vient ensuite l'Espagne, avec un peu plus de 26 000 émigrés maliens en 2020. L'Italie est la troisième destination des Maliens parmi les pays de l'OCDE, avec environ 19 000 personnes. Les autres principaux pays de destination sont les États-Unis (8 900 émigrés maliens en 2020), le Canada, pour lequel on ne dispose pas d'une estimation à jour du nombre d'émigrés maliens (2 900 en 2015/16), puis la Belgique (1 100 émigrés maliens en 2020).

En valeur absolue, l'augmentation la plus importante revient aux émigrés maliens installés en France : on en dénombrait en effet 40 000 en 2000, leur effectif a donc augmenté de près de 65 000 en 20 ans. En termes relatifs, cet accroissement a induit une multiplication de leur nombre par 2.6. On retrouve un accroissement relatif encore plus élevé en Espagne, où le nombre d'émigrés maliens est passé d'environ 3 000 en 2000 à 26 000 en 2020 (× 8), et surtout en Italie où les émigrés maliens n'étaient que quelques centaines en 2000. Aux États-Unis, les émigrés maliens ont vu leur nombre augmenter de 2 800 en 2000 à 8 900 en 2020 (× 3.2). Bien qu'on ne dispose pas de données concernant les émigrés maliens au Canada pour 2020, leur nombre avait augmenté de façon très rapide entre 2000 et 2015, passant de moins de 900 à près de 3 000 (× 3.3).

Graphique 2.3. Évolution des effectifs d'émigrés maliens dans les principaux pays de destination de l'OCDE, 2000-20

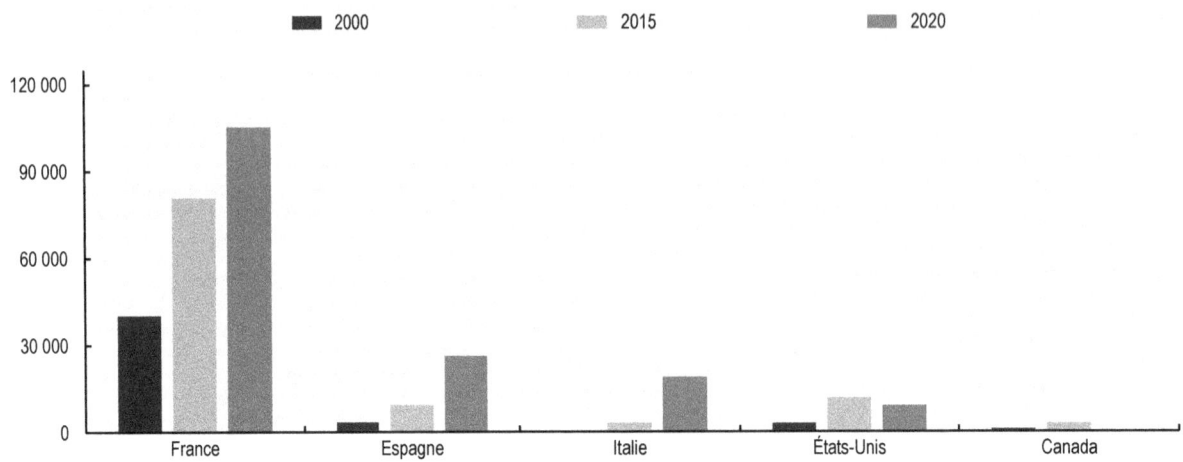

Source : Données pour 2000, 2010 et 2015 : Base de données sur les immigrés dans les pays de l'OCDE (DIOC) ; données pour 2020 : estimations du Secrétariat.

Par ailleurs, parmi l'ensemble des Maliens résidant à l'étranger, les estimations actuelles indiquent qu'environ 165 000 sont réfugiés, pour la plupart dans les pays voisins du Mali (Encadré 2.1). Ces réfugiés sont théoriquement comptabilisés dans les chiffres de population née à l'étranger dans leurs pays d'accueil respectifs mais cela dépend en pratique des sources de données et des pratiques des pays hôtes.

Les étudiants en mobilité internationale sont une autre catégorie spécifique d'émigrés maliens. Plus de 3 700 étudiants maliens étaient en mobilité internationale en 2019 (Graphique 2.5). Environ deux-tiers d'entre eux étudiaient dans les pays européens de l'OCDE, avec une très forte concentration en France, qui représentait 63 % de l'accueil des étudiants maliens à l'étranger. L'effectif total d'étudiants maliens à l'étranger a augmenté modérément entre 2014 et 2019, passant de 3 100 à 3 700, soit une augmentation de 21 %. Après la France, les principaux pays de destination des étudiants maliens sont le Canada (470 étudiants), la Turquie (390 étudiants) et les États-Unis (300 étudiants). En dehors de la France, où le nombre d'étudiants maliens a augmenté de 10 % 2014 et 2019, une croissance rapide est observée au Canada (+60 %) et en Turquie, où le nombre d'étudiants maliens a presque triplé entre 2014 et 2019.

Encadré 2.1. Les réfugiés et demandeurs d'asile maliens

L'Agence des Nations Unies pour les réfugiés (UNHCR) publie annuellement les chiffres des réfugiés par pays d'origine et de destination. Comme décrit précédemment, les conflits qui ont lieu depuis 2012 au Mali ont été la source de nombreux déplacements de population.

Alors qu'il y avait, selon les données du UNHCR, moins de 5 000 réfugiés maliens dans le monde en 2010, on en dénombrait plus de 165 000 en 2020. Parmi eux, la majorité est en Afrique : plus d'un tiers réside en Mauritanie (38 %, soit près de 66 000 personnes) et plus d'un tiers également au Niger (36 %, environ 60 000 personnes) (Graphique 2.4). En Mauritanie, la grande majorité des réfugiés maliens vivent dans un seul camp, géré par le Haut-Commissariat aux Réfugiés, proche de la frontière malienne. De 2017 à 2021, le Haut-Commissariat aux Réfugiés a mis en place un plan de renforcement de la résilience des populations déplacées par l'instabilité au Nord-Mali et de soutien à la coexistence pacifique entre communautés. Ce plan a par ailleurs permis de favoriser les rapatriements volontaires des réfugiés maliens. Au Niger, deux camps accueillant environ 15 000 réfugiés maliens à l'ouest du Niger ont été fermés en 2020. Les réfugiés qui y étaient accueillis ont été accompagnés afin qu'ils puissent s'intégrer à la population locale en attendant de pouvoir retourner au Mali. Un troisième pays frontalier, le Burkina Faso, accueille pour sa part 12 % de ces réfugiés maliens (un peu moins de 20 000 personnes). En Europe, l'Italie et la France accueillent également des réfugiés maliens, un peu plus de 5 000 en France, soit 3 % et plus de 10 000 en Italie, soit 10 %. Les autres destinations des réfugiés maliens ne représentent ensemble qu'environ 1 % du total.

Graphique 2.4. Distribution géographique des réfugiés maliens, 2020

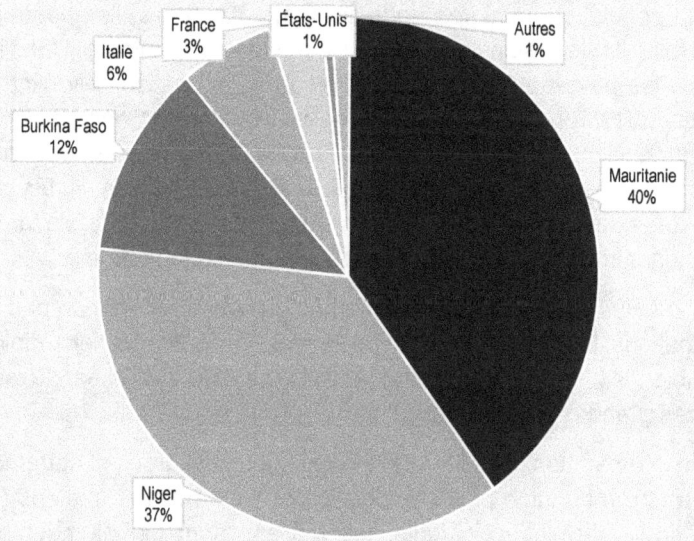

Source : UNHCR, 2020.

En 2021, on dénombrait de plus environ 11 000 demandeurs d'asile maliens en attente d'une décision de protection dans l'Union européenne, dont environ 5 000 en Espagne, 4 000 en France et 1 100 en Italie.

Graphique 2.5. Principaux pays de destination des étudiants maliens en mobilité internationale, 2014 et 2019

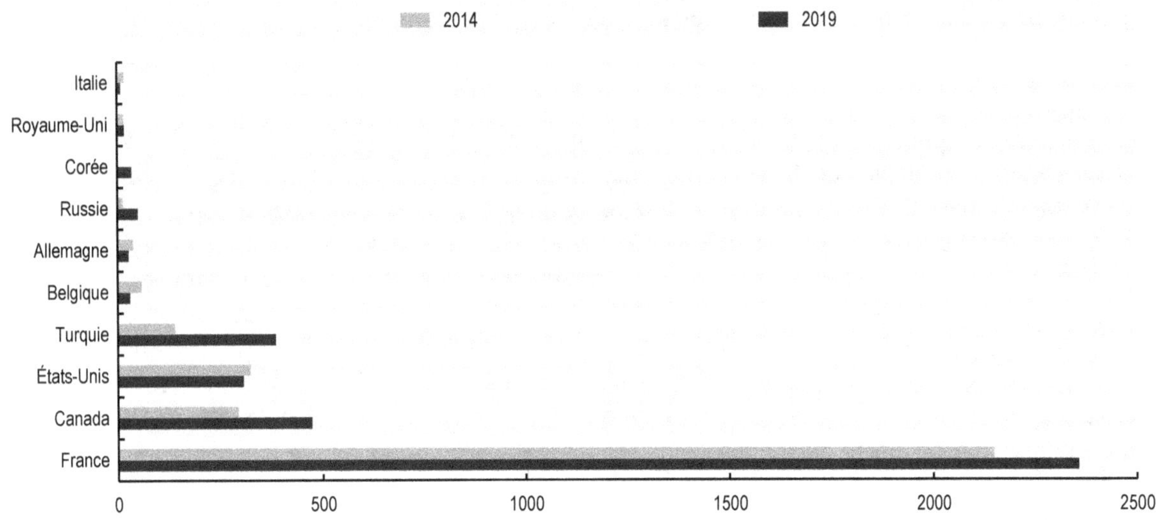

Source : UNESCO-OCDE-Eurostat (UOE), Statistiques de l'OCDE sur l'éducation.

Distribution régionale des émigrés maliens dans certains pays de destination

La répartition régionale des émigrés maliens dans leurs principaux pays de destination suit globalement la répartition spatiale de la population immigrée dans ces pays. Toutefois, ils apparaissent souvent plus concentrés dans un nombre limité de régions que ne l'est la population immigrée. Dans le cas de la France, principale destination dans les pays de l'OCDE, 80 % des émigrés maliens vivaient en Ile-de-France – région de la capitale – en 2018/19, alors que cette région n'accueillait que 38 % de l'ensemble des immigrés et 19 % de la population totale (Graphique 2.6). Les autres régions françaises principales de résidence des émigrés maliens étaient l'Auvergne-Rhône-Alpes (3 %), les Hauts-de-France (3 %) et l'Occitanie (2 %). La part des émigrés maliens dans ces trois régions est toutefois largement inférieure à leur poids dans la population immigrée et plus encore dans la population totale.

Il est intéressant de noter que les émigrés maliens diplômés du supérieur sont un peu plus dispersés que l'ensemble des émigrés maliens. L'Ile-de-France accueille ainsi 74 % des Maliens diplômés du supérieur, contre 80 % de l'ensemble des émigrés maliens. À l'inverse, les diplômés du supérieur sont plus représentés dans les autres grandes régions françaises.

En Italie et en Espagne, où la répartition régionale de la population immigrée est nettement moins polarisée qu'en France, on retrouve une répartition plus homogène pour les émigrés maliens (ou, dans le cas de l'Italie, pour les ressortissants maliens). En Italie, les Maliens sont globalement plus dispersés que l'ensemble des étrangers. De fait, plusieurs régions accueillent environ 10 % des Maliens vivant en Italie : la Lombardie (12 %), le Latium, région de la capitale (11 %), le Piémont (9 %), la Campanie (9 %) et la Sicile (9 %). À l'exception de ces deux dernières régions, qui accueillent respectivement 5 % et 4 % de l'ensemble des étrangers, les ressortissants Maliens ne sont surreprésentés dans aucune de leur principale région de résidence en Italie (Graphique 2.7).

Dans le cas de l'Espagne, deux régions principales accueillent les émigrés maliens : la Catalogne (28 %) et l'Andalousie (23 %) (Graphique 2.8). Les émigrés maliens sont également présents dans la région de Valence (9 %) et en Aragon (8 %) où ils sont surreprésentés, puisque cette région accueille moins de 3 % de l'ensemble des immigrés. Ils sont en revanche très largement sous-représentés dans la région de Madrid, où ne vivent que 6 % des émigrés maliens en Espagne, contre 19 % de l'ensemble des immigrés.

Graphique 2.6. Distribution régionale des émigrés maliens en France comparée à celle de l'ensemble des immigrés et de la population totale, 2018/19

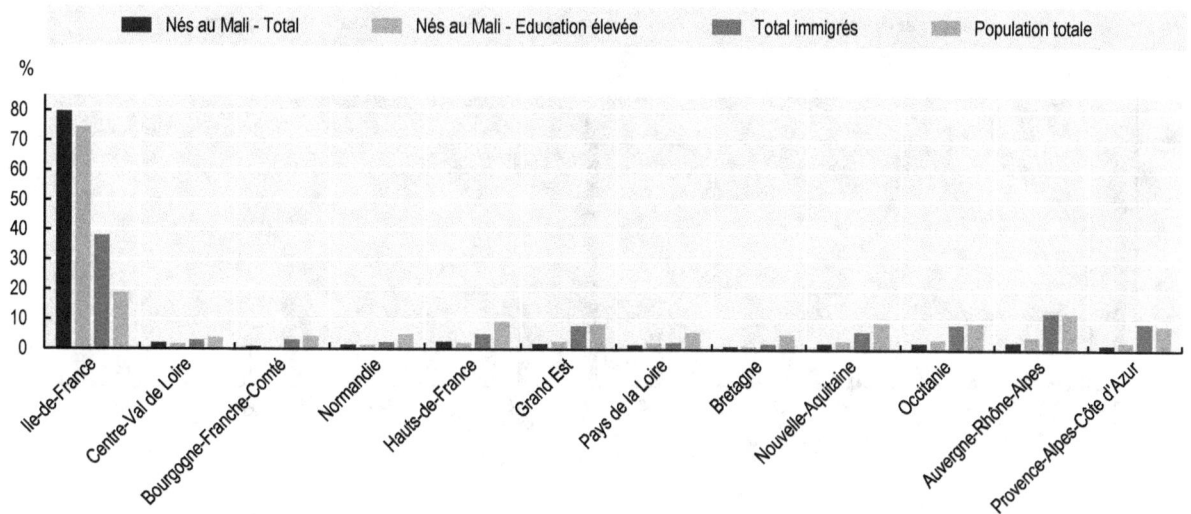

Note : Compte tenu des effectifs très faibles en Corse, cette région a été agrégée à la région Provence-Alpes-Côte d'Azur dans ce graphique.
Source : Recensement de la population 2018/19, Insee.

Graphique 2.7. Distribution régionale des ressortissants maliens en Italie comparée à celle de l'ensemble des étrangers et de la population totale, 2020

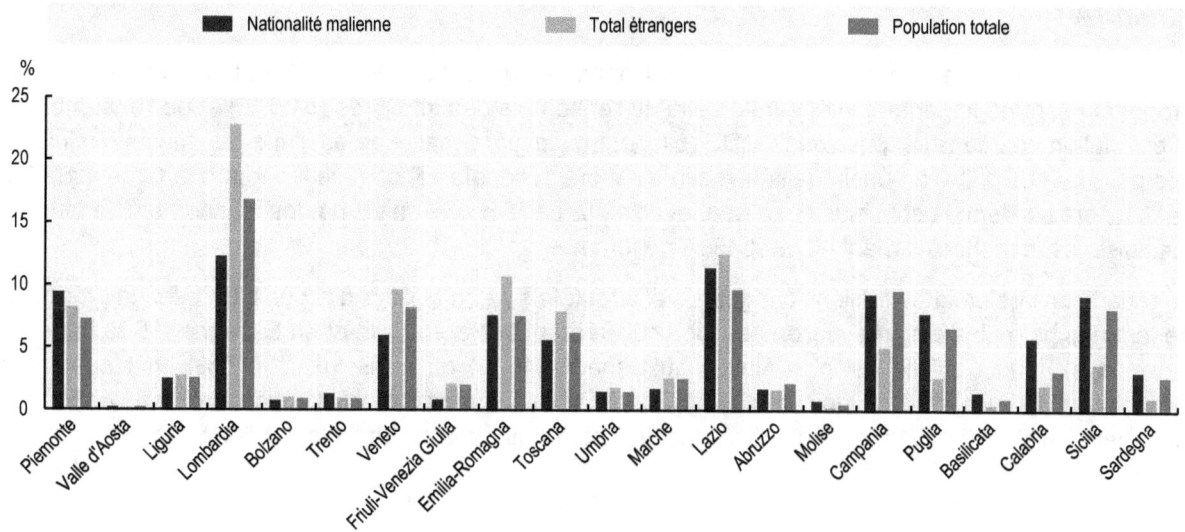

Note : Pour l'Italie, les données concernent les personnes de nationalité étrangère et non pas les personnes nées à l'étranger.
Source : Population résidence au 1er janvier ; Istat.

Graphique 2.8. Distribution régionale des émigrés maliens en Espagne comparée à celle de l'ensemble des immigrés et de la population totale, 2020

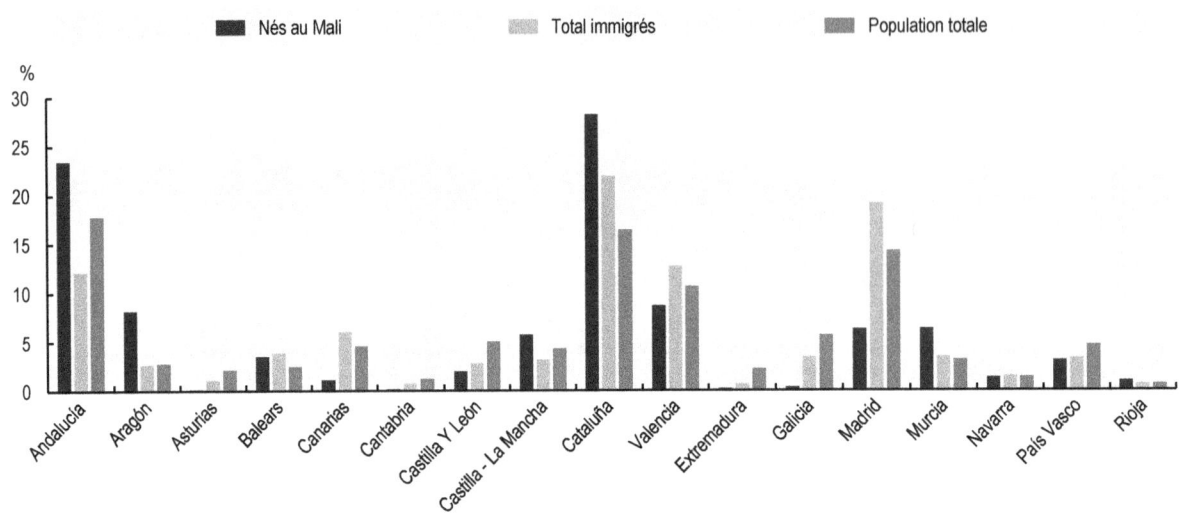

Source : Population résidente au 1er janvier, INE.

Composition démographique de la diaspora malienne

La diaspora malienne dans les pays de l'OCDE est l'une des moins féminisées de l'UEMOA

En 2015/16, 37 % des émigrés maliens vivant dans les pays de l'OCDE étaient des femmes. Cette proportion est très largement inférieure à celle de l'ensemble des immigrés (51.5 %) et de l'ensemble de la population née dans les pays de l'OCDE (51 %). La diaspora malienne est l'une des moins féminisées des pays de l'UEMOA, à quasi-égalité avec la diaspora sénégalaise, comme le montre le Graphique 2.9. La diaspora ivoirienne est la plus féminisée, avec 49 % de femmes, suivie par les diasporas nigérienne et togolaise, avec respectivement 46 % et 45 % de femmes.

La répartition des émigrés maliens par genre varie toutefois selon le pays d'accueil. En effet, la proportion de femmes parmi les émigrés maliens est particulièrement faible en Italie et en Espagne (15 % dans ces deux pays), tandis qu'elle est plus élevée au Canada (45 %) ou en Belgique (47 %) (voir également Graphique 2.11). En 2018/19, on comptait environ 38 % de femmes parmi les émigrés maliens en France. Aux États-Unis, en 2015/16, environ 35 % des émigrés originaires du Mali étaient des femmes.

Graphique 2.9. Part des femmes parmi les émigrés nés au Mali et dans les autres pays de l'UEMOA résidant dans les pays de l'OCDE, 2015/16

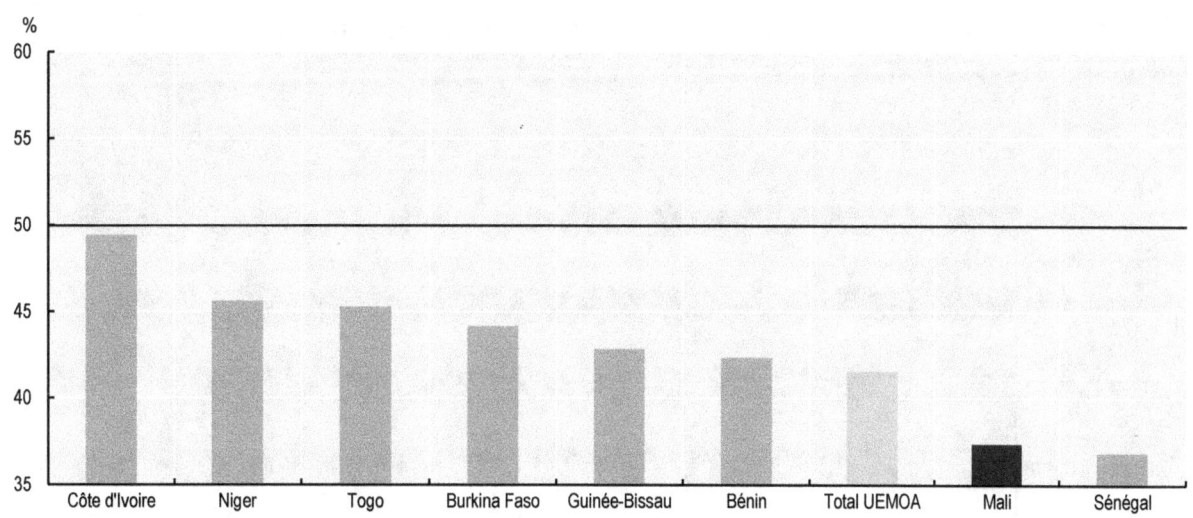

Source : Base de données sur les immigrés dans les pays de l'OCDE (DIOC) 2015/16.

Près de neuf émigrés maliens sur dix dans les pays de l'OCDE sont en âge de travailler

Par rapport à l'ensemble des immigrés vivant dans les pays de l'OCDE, les émigrés maliens sont dans l'ensemble plus jeunes, avec une part des 15-24 ans similaire (environ 10 %) mais une part des migrants de 65 ans et plus nettement plus faible. Ce dernier groupe ne représente en effet que 6 % des émigrés maliens, alors qu'il représente 15 % de l'ensemble des personnes nées à l'étranger vivant dans les pays de l'OCDE (Graphique 2.10). Au total, 88 % des émigrés maliens sont d'âge actif (15-64 ans). La distribution par âge des émigrés maliens est très proche de celle de l'ensemble des émigrés originaires des pays de l'UEMOA, avec toutefois une part légèrement plus faible de jeunes de 15 à 24 ans parmi les émigrés maliens (10 % contre 12 %) et une part plus élevée de personnes âgées de 65 ans et plus (6 % contre moins de 5 %). Par ailleurs, la comparaison avec la distribution par âge de la population malienne rappelle que les émigrés sont en très grande majorité issus de groupes d'âge qui n'ont pas forcément le même poids dans la population d'origine. En l'occurrence, la population malienne étant très jeune (48 % d'enfants de 0 à 14 ans), l'âge moyen des émigrés est nécessairement supérieur à l'âge moyen de la population du Mali. Par rapport aux natifs des pays de destination, les émigrés maliens sont à la fois sous-représentés parmi les enfants et parmi les personnes âgées.

La distribution par âge, et sexe, des émigrés maliens varie toutefois selon les pays de destination. Comme le montre le Graphique 2.11, les émigrés maliens vivant en France sont en moyenne plus âgés que ceux résidant dans les autres principaux pays de destination : la part des personnes âgées de plus de 55 ans (hommes et femmes) atteint ainsi 21 % dans le cas de la France, alors qu'elle n'est que de 7 % aux États-Unis, 1.5 % en Espagne, 6 % au Canada et 9 % en Belgique. De même, la part des jeunes d'âge actif est relativement plus faible en France, en particulier parmi les hommes : les 15-34 ans représentent ainsi 30 % des hommes de 15 à 64 ans en France, contre 41 % aux États-Unis et 55 % au Canada. La distribution par âge et sexe des émigrés maliens en Espagne se distingue par une part très élevée des hommes de 25 à 44 ans, qui représentent les deux-tiers de cette population, contre 23 % en France et en Belgique, 26 % au Canada et 40 % aux États-Unis. La structure par âge et la très faible proportion de femmes dans l'émigration malienne vers l'Espagne (ainsi que vers l'Italie) reflètent la précarité des conditions de migration et d'emploi des migrants dans les pays du Sud de l'Europe – avec une part importante de migration humanitaire, ainsi qu'un volant significatif d'emploi informel alimenté la prévalence des séjours irréguliers.

Graphique 2.10. Distribution par groupe d'âge des émigrés maliens dans les pays de l'OCDE et de différents groupes de comparaison, 2015/16

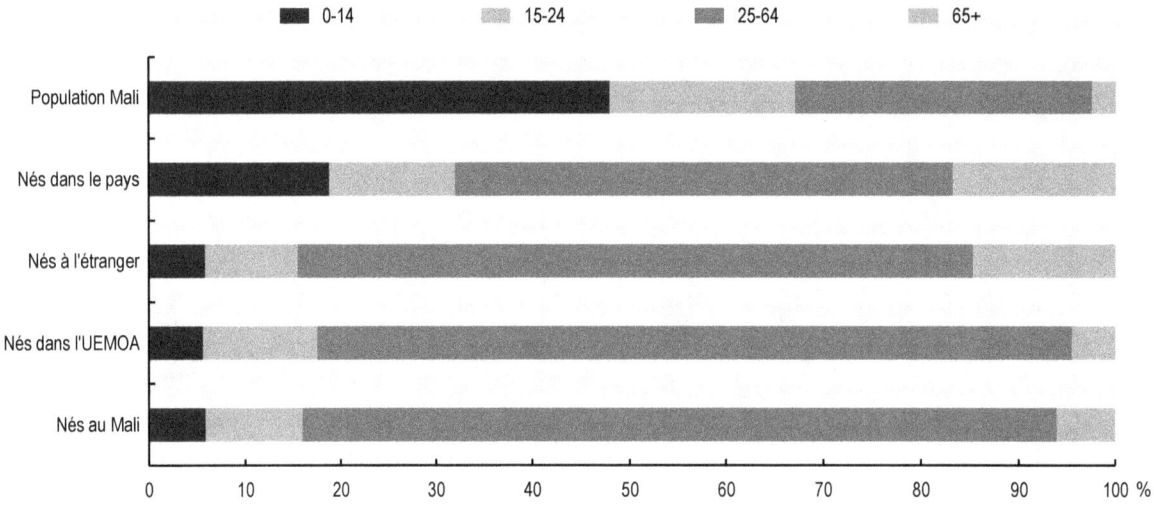

Note : Nés au Mali : personnes nées au Mali vivant dans les pays de l'OCDE en 2015/16. Nés dans l'UEMOA : personnes nées dans les pays de l'UEMOA vivant dans les pays de l'OCDE en 2015/16. Nés à l'étranger : ensemble des immigrés vivant dans les pays de l'OCDE en 2015/16. Nés dans le pays : personnes nées dans les pays de l'OCDE et vivant dans leur pays de naissance en 2015/16. Population Mali : personnes vivant au Mali en 2015.
Source : Base de données sur les immigrés dans les pays de l'OCDE (DIOC) 2015/16. Pour la population du Mali (2015) : United Nations, Department of Economic and Social Affairs, Population Division (2019). World Population Prospects 2019.

Graphique 2.11. Distribution par âge et sexe de la population des émigrés maliens dans quelques pays de destination de l'OCDE, 2015/16

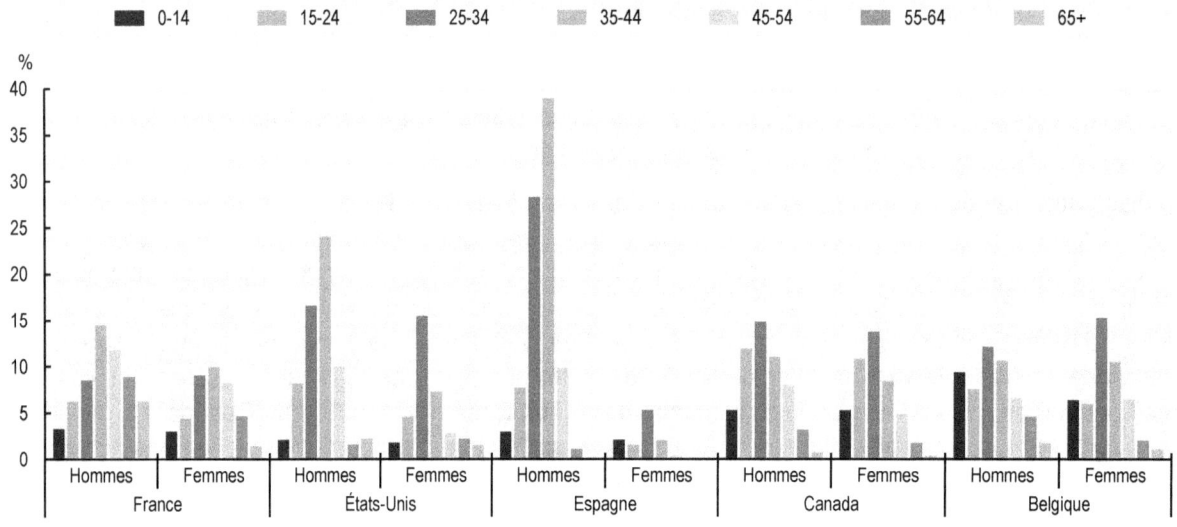

Source : Base de données sur les immigrés dans les pays de l'OCDE (DIOC) 2015/16.

Près d'un émigré malien sur six est arrivé récemment dans son pays d'accueil

Dans l'ensemble des pays de l'OCDE, en 2015/16, 16 % des émigrés maliens vivaient dans leur pays d'accueil depuis moins de 5 ans, tandis que 66 % d'entre eux étaient installés à l'étranger depuis plus de dix ans (Graphique 2.12). Les émigrés maliens constituent en moyenne dans les pays de l'OCDE une diaspora légèrement plus ancienne que l'ensemble des émigrés nés dans l'UEMOA. La part des émigrés récents au sein de la diaspora ivoirienne est ainsi supérieure à 20 %, avec moins de 60 % d'émigrés installés depuis plus de dix ans. De ce point de vue, la distribution de la durée de séjour parmi les émigrés maliens se rapproche de celle de l'ensemble des immigrés vivant dans les pays de l'OCDE, parmi lesquels 70 % sont installés dans leur pays de destination depuis plus de dix ans et environ 15 % sont des migrants récents arrivés depuis moins de cinq ans.

Les différences dans la distribution de la durée de séjour tiennent à deux principaux facteurs : l'ancienneté relative des flux migratoires vers les pays de l'OCDE et leur dynamique récente, ainsi que la nature et l'importance des migrations de retour. Si les migrations de retour sont significatives et qu'elles interviennent relativement tôt, dans un contexte où les flux temporaires sont importants, la durée de séjour moyenne des immigrés sera plus faible que si la plupart des immigrés ne repartent pas vers leur pays d'origine ou s'ils le font seulement à la fin de leur vie active. Dans le cas du Mali, on manque malheureusement d'informations quantitatives pour caractériser finement les migrations de retour (voir Chapitre 5) mais il est vraisemblable que l'ampleur des flux relativement anciens, notamment vers la France, explique en partie le fait que les migrants présents depuis plus de dix ans représentent une part relativement plus élevée que pour les autres diasporas de l'UEMOA.

Graphique 2.12. Distribution des émigrés maliens selon leur durée de séjour dans les pays de destination de l'OCDE, 2015/16

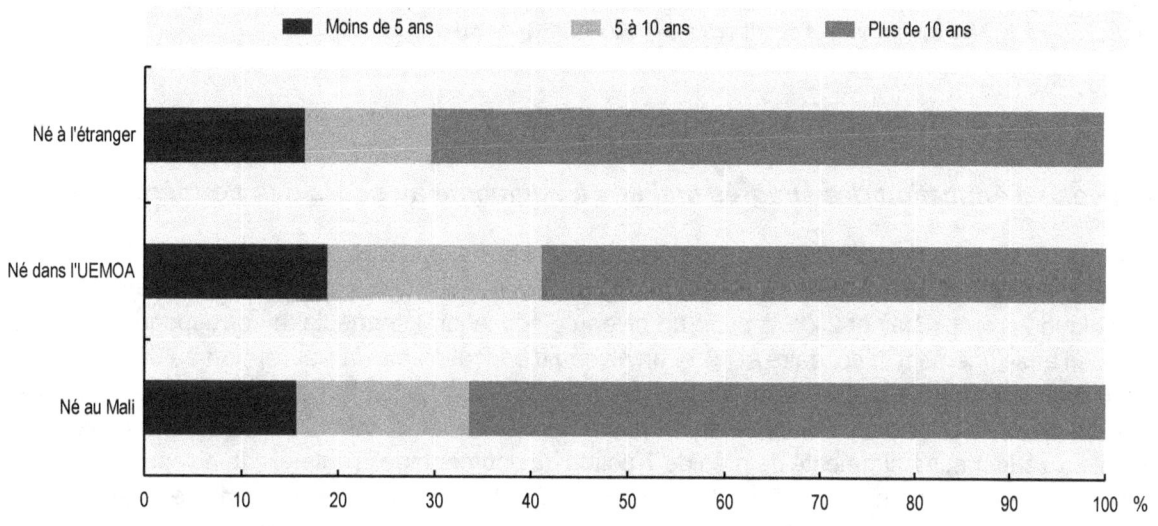

Note : Émigrés de 15 ans et plus.
Source : Base de données sur les immigrés dans les pays de l'OCDE (DIOC), 2015/16.

Les différences dans la distribution de la durée de séjour des émigrés maliens selon les pays de destination permettent d'identifier les différentes dynamiques migratoires à l'œuvre vers les pays de l'OCDE (Graphique 2.13). Parmi les principaux pays de destination de l'OCDE, la France et l'Espagne apparaissent comme les pays où la durée de séjour est en moyenne la plus élevée, avec plus de 70 % de séjours supérieurs à dix ans. Par rapport à l'Espagne, la France accueille toutefois une part plus importante de migrants maliens arrivés depuis moins de cinq ans. Dans le cas de l'Italie, on observe à la fois peu d'émigrés arrivés depuis moins de cinq ans et peu d'émigrés présents depuis plus de dix ans. A l'inverse, 36 % des émigrés maliens vivant au Canada y résident depuis moins de cinq ans, ce qui reflète la croissance récente des flux migratoires maliens vers de ce pays. Les émigrés maliens aux États-Unis présentent une distribution de durée de séjour intermédiaire, avec environ un quart de migrants récents et près de 42 % de migrants présents dans le pays depuis plus de dix ans.

Graphique 2.13. Distribution des émigrés maliens selon leur durée de séjour dans leurs principaux pays de destination de l'OCDE, 2015/16

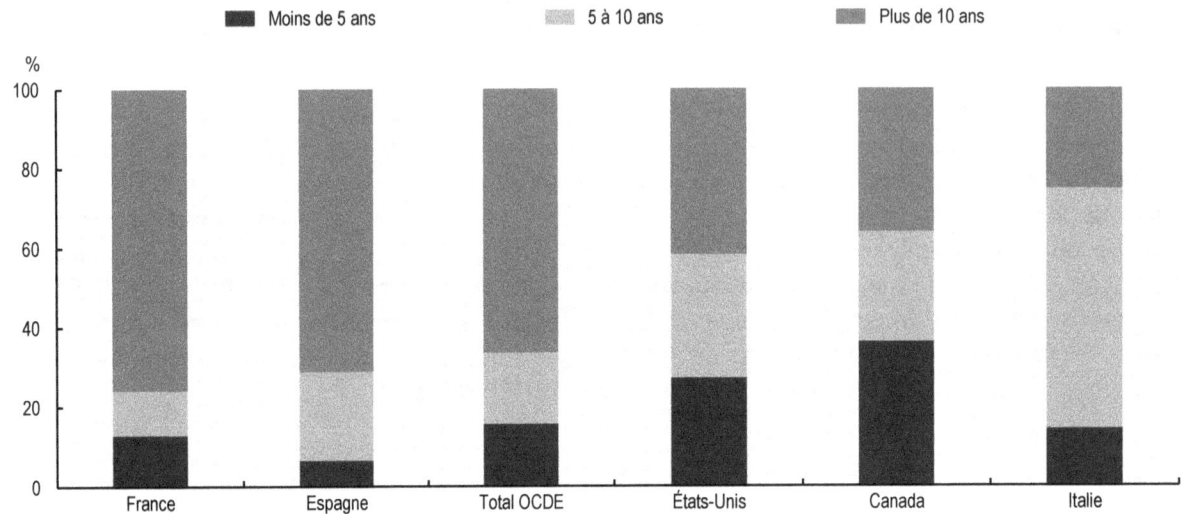

Note : Émigrés de 15 ans et plus.
Source : Base de données sur les immigrés dans les pays de l'OCDE (DIOC), 2015/16.

Distribution de l'éducation parmi les émigrés maliens dans les pays de l'OCDE

Le niveau d'éducation des émigrés maliens a augmenté au cours des dernières décennies

En 2015/16, plus de la moitié des émigrés maliens vivant dans les pays de l'OCDE (57 %) avaient un niveau d'éducation faible, ayant atteint au plus le premier cycle de l'enseignement secondaire (Graphique 2.14). Ils étaient 24 % à avoir un niveau d'éducation intermédiaire correspondant au second cycle de l'enseignement secondaire et 19 % un niveau d'éducation élevé. Par rapport à 2000/01, le niveau d'éducation des émigrés maliens dans les pays de l'OCDE a augmenté. La part des émigrés maliens ayant un faible niveau d'éducation a diminué de 12 points de pourcentage, tandis que la part de ceux ayant un diplôme du supérieur a augmenté de près de 7 points de pourcentage. Toutefois, le niveau d'éducation de l'ensemble des immigrés vivant dans les pays de l'OCDE a connu une dynamique légèrement plus favorable, avec une augmentation de près de 8 points de pourcentage des diplômés du supérieur.

Globalement les émigrés maliens résidant dans les pays de l'OCDE ont une distribution de l'éducation nettement moins favorable que celles de l'ensemble des immigrés ou des natifs des pays de l'OCDE : au sein de ces groupes, on compte respectivement un tiers et un quart de diplômés du supérieur (contre moins d'un cinquième pour les émigrés maliens). En revanche, les émigrés maliens dans les pays de l'OCDE sont très nettement plus éduqués que l'ensemble de la population malienne, ce qui reflète la très forte sélection positive de l'émigration en provenance des pays en développement et à destination des pays de l'OCDE. Même si la part des diplômés du supérieur au Mali a augmenté entre 2000 et 2015 (de 1 % à 2.2 %), elle reste extrêmement faible et elle a cru moins vite que parmi les émigrés maliens ; l'écart s'est donc creusé avec les émigrés.

Par rapport aux émigrés originaires des autres pays de l'UEMOA, la part des émigrés maliens ayant un diplôme de l'enseignement supérieur est parmi les plus faibles, avec les émigrés sénégalais et bissau-guinéens (Graphique 2.15). À l'inverse, plus de la moitié des émigrés béninois, 45 % des émigrés nigériens et un tiers des émigrés ivoiriens sont diplômés de l'enseignement supérieur.

Graphique 2.14. Distribution de l'éducation parmi les émigrés maliens dans les pays de l'OCDE et différents groupes de comparaison, 2000/01 et 2015/16

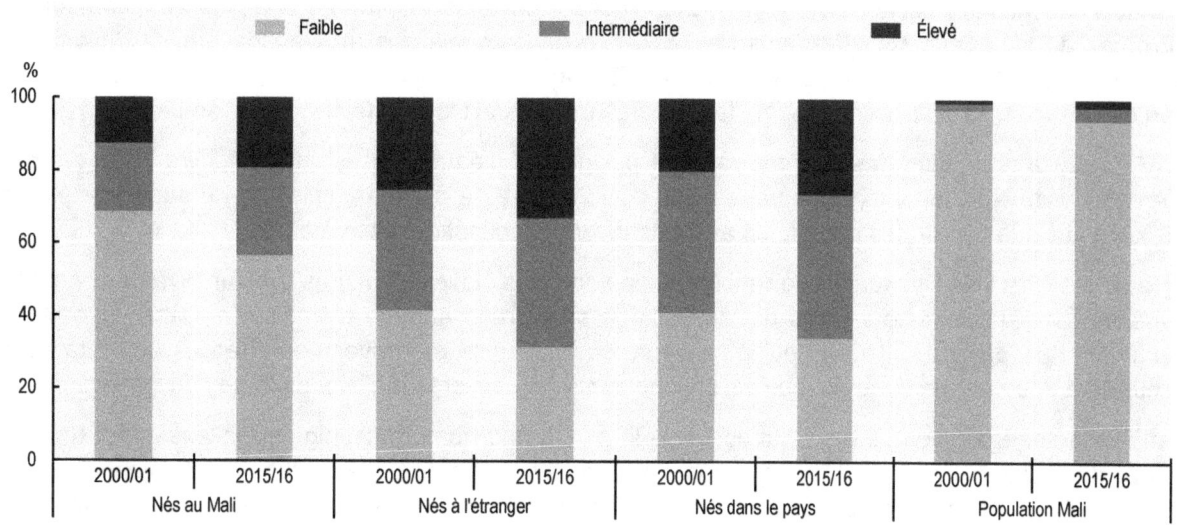

Note : Émigrés âgés de 15 ans et plus.
Source : Base de données sur les immigrés dans les pays de l'OCDE (DIOC), 2000/01 et 2015/16. Population du Mali (2000, 2015) : Lutz et al. (2018[1]), « Demographic and Human Capital Scenarios for the 21st Century: 2018 assessment for 201 countries », https://doi.org/10.2760/835878.

Graphique 2.15. Distribution de l'éducation parmi les émigrés nés au Mali et dans les autres pays de l'UEMOA résidant dans les pays de l'OCDE, 2015/16

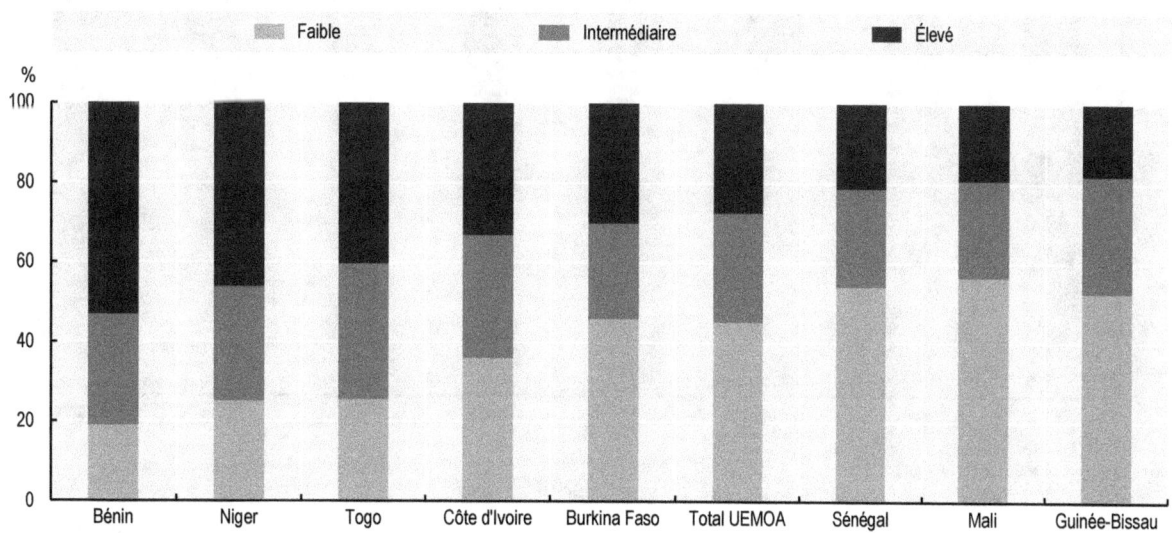

Note : Émigrés âgés de 15 ans et plus.
Source : Base de données sur les immigrés dans les pays de l'OCDE (DIOC), 2015/16.

Les émigrés maliens avec un niveau d'étude élevé sont mieux représentés au Canada et aux États-Unis

Le niveau d'éducation des émigrés maliens varie selon les pays dans lesquels ils résident (Graphique 2.16). En 2015/16, plus de 90 % des émigrés maliens résidant en Italie, et 70 % de ceux vivant en Espagne, avaient un faible niveau d'éducation. En revanche, seuls 10 % des émigrés maliens vivant au Canada et 24 % de ceux résidant aux États-Unis avaient un niveau d'éducation faible en 2015/16. L'Amérique du Nord est ainsi la région qui accueille en proportion le moins d'émigrés maliens ayant un niveau d'éducation faible. Les pays anglo-saxons accueillent aussi en proportion le plus d'émigrés maliens diplômés du supérieur. En effet, près de 75 % des émigrés maliens au Canada étaient diplômés du supérieur en 2015/16, cette proportion étant de 32 % aux États-Unis. À l'inverse, l'Italie est le pays où la part de de diplômés du supérieur parmi les émigrés maliens est la plus faible – avec seulement 1 %.

En France, la répartition des émigrés maliens par niveau d'éducation est intermédiaire entre les pays d'Amérique du Nord et ceux d'Europe du Sud : en 2018-19, la part des diplômés du supérieur était de 18 %, tandis que la part des personnes ayant un niveau d'éducation faible était de 55 %.

Si les États-Unis et le Canada accueillent une proportion plus élevée d'émigrés avec un niveau d'éducation supérieur, la France reste le pays qui accueille le plus grand nombre d'émigrés maliens diplômés du supérieur des pays de l'OCDE puisqu'environ 64 % d'entre eux vivent en France. Les États-Unis accueillent pour leur part un peu moins d'un cinquième des émigrés maliens diplômés du supérieur.

La France est également le pays qui accueille le plus grand nombre d'émigrés maliens ayant un faible niveau d'éducation. Près de 80 % des émigrés maliens avec un niveau d'éducation faible vivent en France (79 % contre 73 % tout niveau d'étude confondu). Environ 15 % d'entre eux vit en Italie ou en Espagne et seulement 5 % vivent aux États-Unis.

Graphique 2.16. Distribution de l'éducation parmi les émigrés nés au Mali selon leur pays de résidence, 2015/16

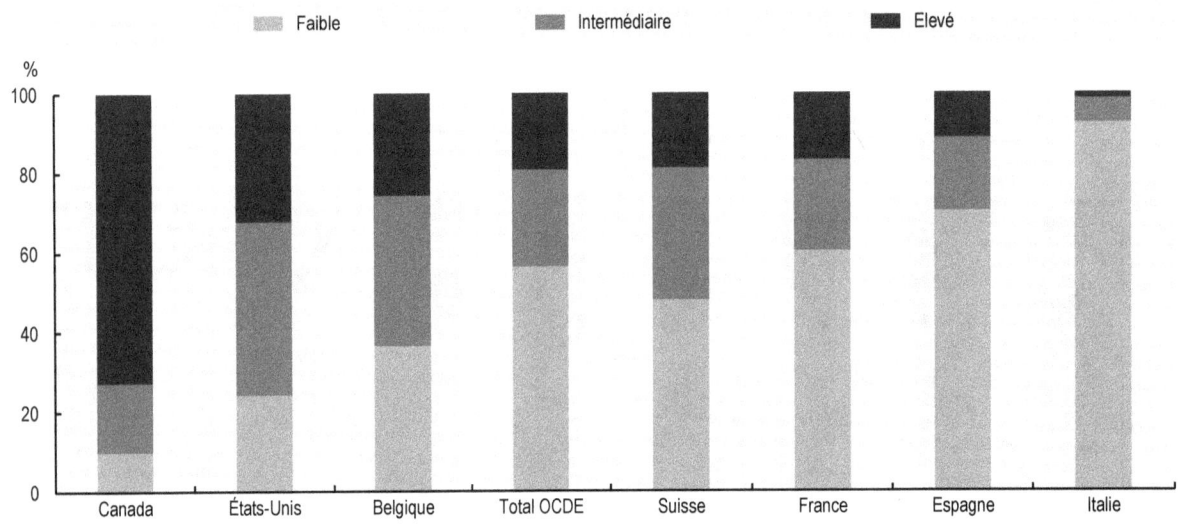

Note : Émigrés âgés de 15 ans et plus.
Source : Base de données sur les immigrés dans les pays de l'OCDE (DIOC), 2015/16.

Parmi les émigrés maliens, la distribution de l'éducation est peu différente entre hommes et femmes

Les femmes émigrées maliennes ont en moyenne un niveau d'éducation similaire à celui des hommes. En 2015/16, dans les pays de l'OCDE, 19 % des femmes émigrées ivoiriennes avaient un niveau d'éducation élevé – la même proportion que les hommes – et 56 % avaient un niveau d'éducation faible – contre 58 % pour les hommes (Graphique 2.17).

L'augmentation du niveau d'éducation des émigrés maliens entre 2000/01 et 2015/16 a concerné les hommes et les femmes, mais les hommes ont connu une évolution légèrement plus favorable, en particulier au bas de la distribution de l'éducation, leur permettant de converger avec la distribution observée parmi les femmes. Alors que 70 % des hommes avaient un niveau d'éducation faible en 2000/01, cette part a baissé de 12 points de pourcentage au cours de la période. Pour les femmes, qui partaient d'une situation légèrement meilleure, la part des peu éduquées n'a baissé que de 9 points de pourcentage, passant de 65 % à 56 %. L'évolution de la part des diplômés du supérieur parmi les émigrés maliens a été rigoureusement parallèle pour les hommes et les femmes, passant pour les deux groupes de 12-13 % à 19 %.

Graphique 2.17. Distribution de l'éducation parmi les émigrés nés au Mali selon le sexe, 2000/01 et 2015/16

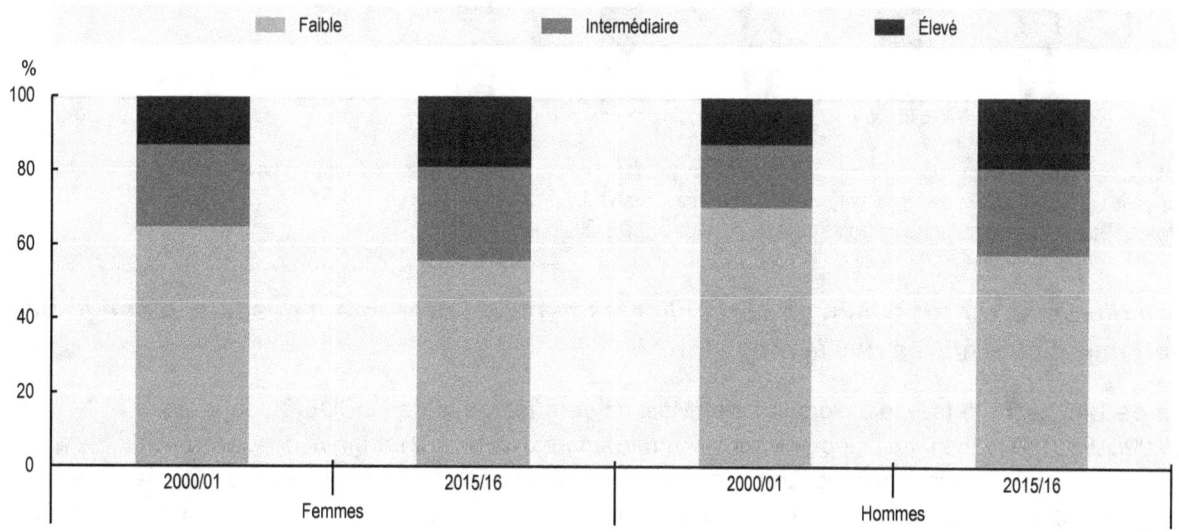

Note : Émigrés âgés de 15 ans et plus.
Source : Base de données sur les immigrés dans les pays de l'OCDE (DIOC), 2000/01 et 2015/16.

Taux d'émigration vers les pays de l'OCDE

Le taux d'émigration des Maliens vers les pays de l'OCDE est relativement faible

Le nombre d'émigrés maliens dans les pays de l'OCDE est relativement faible par rapport à la population du Mali : en 2015/16 le taux d'émigration du Mali vers les pays de l'OCDE était de 1.1 % (Graphique 2.18). Ce taux a augmenté relativement à 2000/01, puisqu'il était alors de 0.7 %. Parmi les pays de l'UEMOA, le taux d'émigration du Mali est inférieur au taux d'émigration du Sénégal (3.5 %), de la Guinée-Bissau (2.7 %) et du Togo (1.5 %), mais supérieur aux taux de plusieurs pays comme le Burkina Faso et le Niger dont les taux d'émigration sont nettement plus faibles (0.3 % et 0.1 % respectivement).

Au niveau du continent africain, le taux d'émigration du Mali est largement inférieur à celui de nombreux pays (OCDE, 2019[2]). Le faible niveau du taux d'émigration du Mali vers les pays de l'OCDE peut notamment s'expliquer par le caractère relativement récent l'émigration malienne, par les contraintes de liquidité auxquelles font face les Maliens souhaitant quitter leur pays, ainsi que par le caractère sélectif des politiques migratoires des pays de l'OCDE.

Graphique 2.18. Taux d'émigration des pays de l'UEMOA vers les pays de l'OCDE, 2000/01 et 2015/16

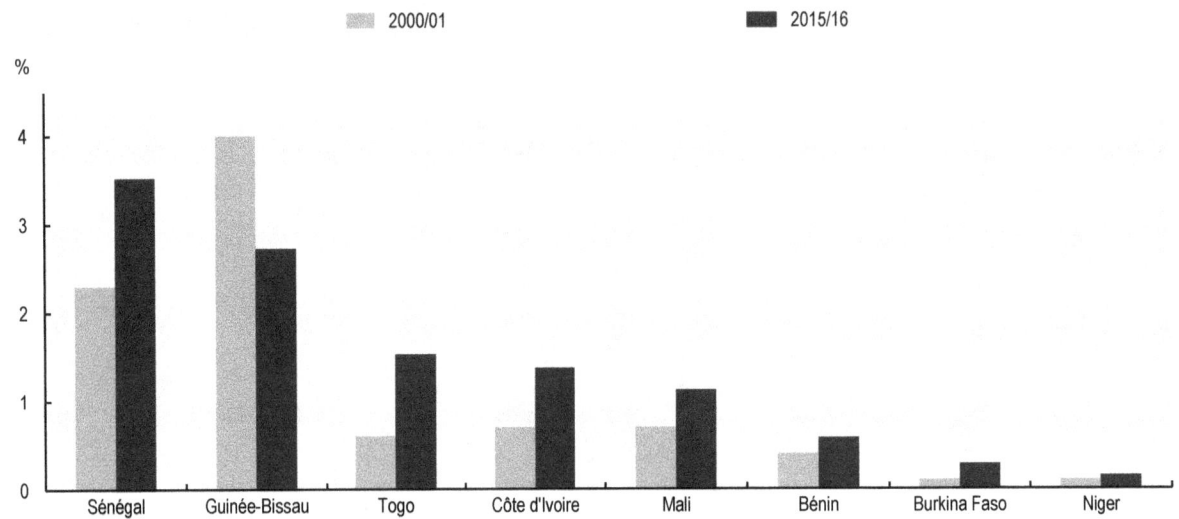

Note : Le taux d'émigration est le ratio entre le nombre d'émigrés (15+) du pays considéré résidant dans les pays de l'OCDE et la somme de la population (15+) du pays et des émigrés résidant dans les pays de l'OCDE.
Source : Base de données sur les immigrés dans les pays de l'OCDE, 2000/01 et 2015/16.

Les diplômés du supérieur, en particulier les femmes, présentent des taux d'émigration nettement plus élevés que la moyenne

En décomposant le taux d'émigration des Maliens vers les pays de l'OCDE selon le sexe et le niveau d'éducation, deux constats apparaissent. Premièrement, le taux d'émigration augmente de façon très importante avec le niveau d'éducation. Ainsi, le taux d'émigration des personnes nées au Mali et ayant au maximum atteint le premier cycle du secondaire était inférieur à 0.7 % en 2015/16. Pour les personnes ayant un niveau d'éducation intermédiaire (deuxième cycle du secondaire), le taux d'émigration était de 6.3 %, tandis qu'il était de 8.9 % pour les diplômés du supérieur. Ce gradient du taux d'émigration en fonction du niveau d'éducation se retrouve de façon générale pour la plupart des pays en développement, en particulier en Afrique (d'Aiglepierre et al., 2020[3]). Deuxièmement, alors que le taux d'émigration des femmes est plus faible que celui des hommes pour les personnes peu éduquées, l'inverse est vrai pour les diplômés du supérieur. Alors que le ratio entre le taux d'émigration des femmes et celui des hommes est de 0.5 pour les personnes peu éduquées, il est de 1.1 pour les personnes ayant un niveau d'éducation intermédiaire et de 1.6 pour les diplômés du supérieur (Graphique 2.19).

Graphique 2.19. Taux d'émigration des personnes nées au Mali, selon le sexe et le niveau d'éducation, 2015/16

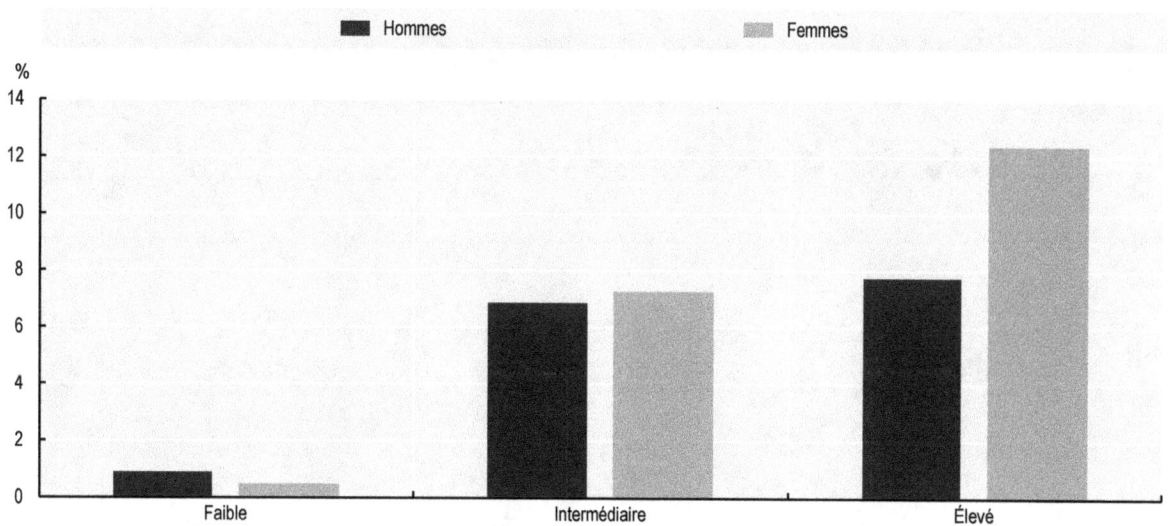

Note : Le taux d'émigration est le ratio entre le nombre d'émigrés (15+) du pays considéré résidant dans les pays de l'OCDE et la somme de la population (15+) du pays et des émigrés résidant dans les pays de l'OCDE.
Source : Base de données sur les immigrés dans les pays de l'OCDE, 2015/16.

Références

d'Aiglepierre, R. et al. (2020), « A global profile of emigrants to OECD countries : Younger and more skilled migrants from more diverse countries », *Documents de travail de l'OCDE sur les questions sociales, l'emploi et les migrations*, n° 239, Éditions OCDE, Paris, https://dx.doi.org/10.1787/0cb305d3-en. [3]

Lutz, W. et al. (2018), *Demographic and Human Capital Scenarios for the 21st Century: 2018 assessment for 201 countries*, Publications Office of the European Union, https://doi.org/10.2760/835878. [1]

OCDE (2019), « Are the characteristics and scope of African migration outside of the continent changing? », *Migration Data Brief* 5, https://www.oecd.org/migration/mig/Migration-data-brief-5-EN.pdf. [2]

3 Situation des émigrés maliens sur le marché du travail

Ce chapitre examine l'insertion sur le marché du travail des émigrés maliens dans les pays de l'OCDE. Avec un intérêt particulier pour les principaux pays de destination des émigrés maliens, nous y étudions le statut d'occupation des 15-64 ans en 2015/2016 et plus récemment en 2017/2020 en France. Nous nous intéressons à l'évolution de cette insertion depuis la crise financière et économique de la fin des années 2000 et du début des années 2010 en Europe. Nous y examinons les facteurs d'employabilité des émigrés maliens au travers des questions de genre et d'éducation mais aussi de durée de séjour et d'acquisition de la nationalité. Outre la mesure du taux d'emploi, de chômage et d'inactivité des émigrés maliens, les types de postes, leur adéquation avec leurs qualifications et les secteurs d'activité (en France) correspondants sont étudiés. Ce chapitre se ferme sur les caractéristiques de l'insertion des descendants d'émigrés ivoiriens en France.

En bref

Résultats principaux

- En 2015/2016, 75 % des émigrés maliens en âge de travailler participent au marché du travail dans les pays de l'OCDE.
- Ce taux de participation cache un niveau élevé de taux de chômage : 18 % d'entre eux sont au chômage soit deux fois plus fréquemment que l'ensemble des immigrés et que les natifs de l'OCDE.
- 61 % des émigrés maliens entre 15 et 64 ans sont ainsi en emploi, un taux similaire à l'ensemble des émigrés des pays de l'UEMOA mais significativement inférieur au taux de participation de l'ensemble des immigrés et des natifs de l'OCDE.
- Ces taux varient sensiblement selon le pays de destination. En France, premier pays de destination des émigrés maliens, 59 % d'entre eux sont en emploi en 2019/2020, 54 % en Italie et 64 % au Canada.
- Depuis 2010/2011, l'insertion des émigrés maliens sur le marché du travail s'est améliorée comme pour l'ensemble de la population dans l'OCDE.
- En France, en revanche, le taux d'emploi est resté relativement stable depuis le début des années 2010.
- Il reste plus difficile pour les femmes d'accéder à l'emploi. La moitié des femmes nées au Mali et résidant dans un pays de l'OCDE est en emploi contre les deux tiers de leurs homologues masculins.
- Le niveau d'éducation est un autre déterminant de l'accès à l'emploi. Le taux d'emploi des émigrés maliens avec un niveau d'éducation faible (58 %) est relativement plus élevé que celui des immigrés en général. 67 % des émigrés maliens les plus éduqués ont un emploi, inférieur, cette fois-ci, à celui observé pour l'ensemble des immigrés.
- Ce taux d'emploi plus élevé pour les individus ayant suivi des études supérieures cache une grande inadéquation entre emploi et qualifications. Celui-ci semble s'accentuer quand la langue du pays de destination n'est pas le français ou quand les études ont été faites hors du pays de destination.
- Ainsi, les émigrés maliens occupent surtout des postes faiblement qualifiés. Ils occupent en premier lieu des professions élémentaires. L'essentiel des femmes travaillent comme aides ménager (42 % contre 11 % des hommes). Ce constat au sein de l'OCDE est à nuancer dans la mesure où il existe d'importantes hétérogénéités entre les pays.
- Les émigrés maliens travaillent avant tout dans le secteur des services en France et plus rarement dans les secteurs primaires et secondaires. Moins d'un émigré malien sur six travaille dans le secteur de l'industrie.
- Si les descendants d'émigrés maliens semblent rencontrer relativement moins de difficultés sur le marché du travail en France, ils restent vulnérables et significativement plus en difficultés que les descendants d'immigrés ou de natifs en France. 57 % des 25-64 ans sont en emploi, un taux largement inférieur à celui des descendants de natifs.

Une insertion difficile des émigrés maliens sur le marché travail

Une participation au marché du travail hétérogène selon les pays de destination

Parmi les plus de 100 000 émigrés nés au Mali, âgés de 15 à 64 ans, résidant dans les pays de l'OCDE, 75 % d'entre eux participent au marché du travail en 2015/2016, comme le montre le Graphique 3.1. Ce taux d'activité est légèrement inférieur à celui des émigrés des autres pays de l'UEMOA (77 %), mais légèrement supérieur à celui de l'ensemble des immigrés résidant dans les pays de l'OCDE (74 %). Toutefois, comme leurs homologues originaires des autres pays de l'UEMOA, les émigrés maliens sont près de deux fois plus fréquemment au chômage que l'ensemble des émigrés (18 % contre 9 %). De ce fait, le taux d'emploi des émigrés maliens est relativement faible, à 61 %, similaire à celui de l'ensemble des émigrés originaires des pays de l'UEMOA, mais inférieur à celui de l'ensemble des immigrés (67 %) et des natifs des pays de l'OCDE (65 %).

Graphique 3.1. Statut d'activité des émigrés maliens en âge de travailler selon le pays de destination dans les pays de l'OCDE, 2015/16

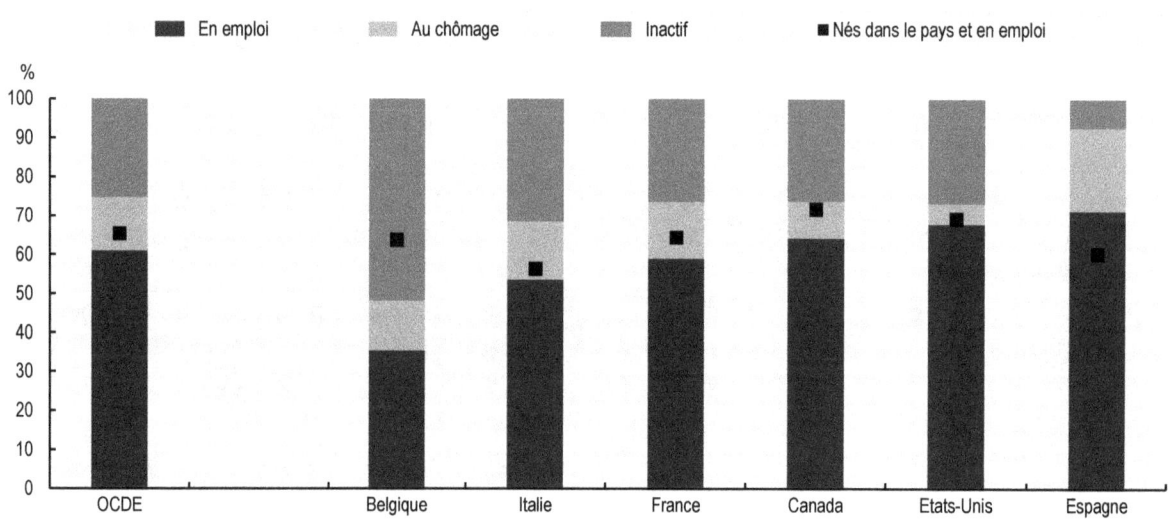

Note : Les statistiques sont présentées pour les six pays où les émigrés maliens sont les plus nombreux dans les pays de l'OCDE.
Source : Base de données sur les immigrés dans les pays de l'OCDE (DIOC) 2015/16.

Cette insertion difficile sur le marché du travail diffère sensiblement selon les pays de destination. Parmi les pays où la présence d'émigrés maliens était significative en 2015/2016, leur taux d'emploi était le plus faible en Belgique (35 %) et en Italie (54 %). Leur situation sur le marché du travail était nettement plus favorable en Espagne, où plus de 70 % d'entre eux avaient un emploi, aux États-Unis (68 %) et au Canada (64 %). En France, qui est de loin leur principal pays de destination, le taux d'emploi des émigrés maliens était de 59 % en 2015/2016. Dans tous ces pays, à l'exception de l'Espagne et des États-Unis, le taux d'emploi des émigrés maliens était inférieur à celui des natifs. Effectivement, dans le premier pays, les natifs sont 60 % en emploi, soit 10 points de pourcentage de moins que les émigrés maliens quand le taux d'emploi des natifs américains est similaire à celui observé pour les émigrés maliens.

Les Maliens s'insèrent généralement moins bien dans les principaux pays d'accueil que les émigrés des autres pays de l'UEMOA et plus généralement que l'ensemble des immigrés (voir Graphique 3.2) à l'exception de la France et de l'Espagne. En Italie et aux États-Unis, par exemple, ils sont près de 5 points de pourcentage de moins en emploi que les émigrés des pays de l'UEMOA (-3 points de pourcentage que les immigrés aux États-Unis). En France, le taux d'emploi moyen des émigrés de l'ensemble des pays de l'UEMOA est le même que celui des individus nés au Mali et est supérieur de plus de 3 points de pourcentage à celui de l'ensemble des immigrés en France. Il reste cependant inférieur au taux d'emploi des individus nés et résidant en France de près de 5 points de pourcentage. En Espagne, les Maliens s'insèrent bien plus facilement sur le marché du travail. Le taux d'emploi des émigrés maliens est non seulement supérieur de 16 points de pourcentage à la moyenne des émigrés de l'UEMOA mais dépasse aussi de 13 points de pourcentage le taux d'emploi des immigrés en général.

Graphique 3.2. Taux d'emploi des émigrés selon le pays de naissance et le pays de destination dans les pays de l'OCDE, 2015/16

% de la population entre 15 et 64 ans

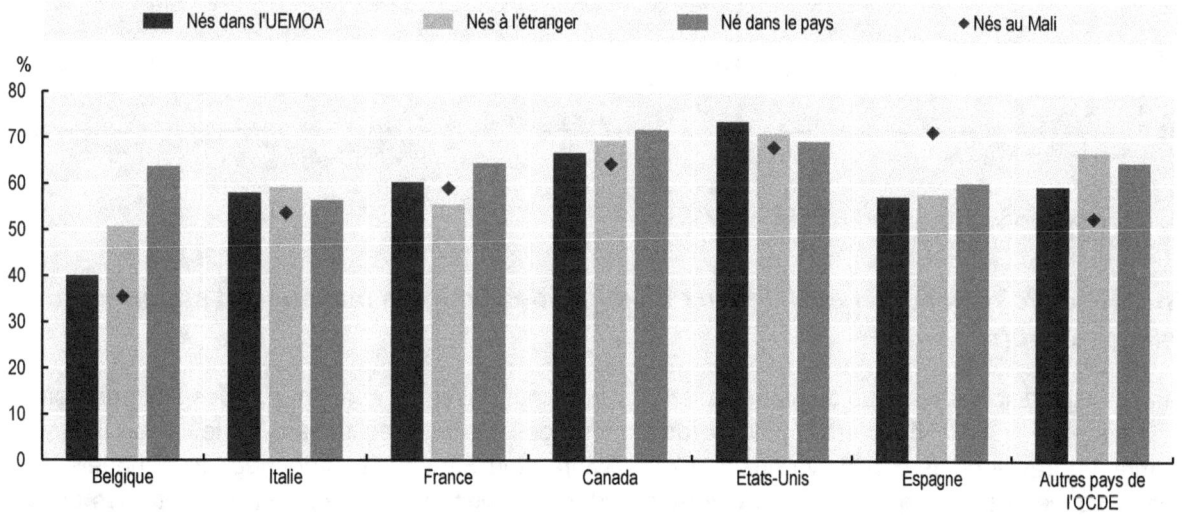

Note : Le taux d'emploi est calculé en divisant le nombre d'actifs occupés (c'est-à-dire le nombre de personnes ayant un emploi) par l'ensemble de la population en âge de travailler.
Source : Base de données sur les immigrés dans les pays de l'OCDE (DIOC) 2015/16.

La participation au marché du travail des immigrés est d'autant plus forte que le temps écoulé depuis leur arrivée est important. Effectivement, comme le montre le Graphique 3.3 avec les données les plus récentes issues de l'enquête emploi en continu (EEC) mené par l'Institut national de la statistique et des études économiques (Insee) pour la France sur la période 2017/2020, si les individus arrivés il y a un an ou moins sont essentiellement inactifs en France, le constat se renverse dès que la durée séjour dépasse un an. Entre un et cinq ans passés en France, 49 % des émigrés maliens sont en emploi. Ce taux passe à 51 % au-delà de cinq ans passés en France et atteint 69 % après dix ans de résidence et 72 % au-delà de 20 ans. Si le taux de chômage change relativement peu, le taux d'inactivité diminue significativement avec la durée de résidence en France.

En lien avec le temps passé dans les pays de destination, l'acquisition de la nationalité du pays facilite l'accès à l'emploi. Effectivement, les trois quarts des émigrés maliens de nationalité française (74.5 %) occupent un emploi en 2017/2020 contre 62.2 % pour ceux sans la nationalité française.

Graphique 3.3. Évolutions des taux d'emploi, de chômage et d'inactivité des émigrés maliens selon le temps écoulé depuis l'arrivée en France, 2017/20

% de la population entre 15 et 64 ans (actifs occupés et inactifs), % de la population active (chômeurs)

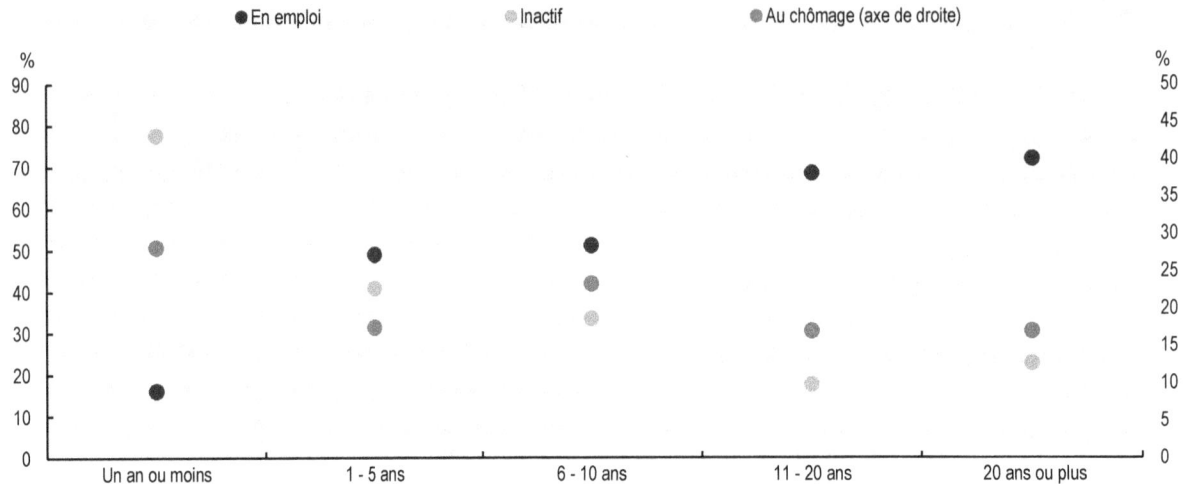

Source : Enquête emploi en continu de l'Insee (EEC) 2017/20.

En Côte d'Ivoire et au Sénégal, le taux d'emploi des émigrés maliens est supérieur à celui des natifs

Les données disponibles nous permettent d'étudier en partie l'insertion économique des émigrés ivoiriens en Afrique de l'Ouest, première région de destination des Maliens, au travers de leur insertion sur le marché du travail de deux pays voisins, la Côte d'Ivoire et le Sénégal. Les données de l'enquête sur le niveau de vie des ménages (ENV) collectées en 2015 renseignent sur le niveau d'activité des émigrés maliens en Côte d'Ivoire, leur premier pays de destination (voir Chapitre 2). Ainsi, près de trois émigrés maliens de 15 ans ou plus sur cinq étaient en emploi en 2015 (59 %), comme présenté dans le Graphique 3.4. Ce taux était supérieur de 2 points de pourcentage à celui observé pour les natifs. Il est cependant inférieur de 3 points de pourcentage au taux d'emploi de l'ensemble des émigrés en Côte d'Ivoire. En revanche, 42 % des femmes nées au Mali sont en emploi ; elles s'en sortent donc relativement moins bien que leurs homologues masculins et surtout que l'ensemble des femmes nées à l'étranger ou des natives dont le taux d'emploi atteint respectivement 46 % et 48 %.

Au Sénégal, 51 % des émigrés maliens étaient en emploi en 2013 (mesuré à partir des données du dernier recensement général de la population). Ce niveau d'emploi est significativement supérieur à celui observé pour l'ensemble des émigrés (46 %) et des natifs (37 %). Les femmes nées au Mali sont similairement intégrées sur le marché du travail que les femmes nées au Sénégal : seules 20 % d'entre elles sont en emploi.

La proportion de travailleurs émigrés maliens à compte propre est supérieure aux taux prévalant pour les travailleurs immigrés et natifs dans les deux pays. Effectivement, ils sont 42 et 70 % à compte propre, en Côte d'Ivoire et au Sénégal, soit 5 et 2 points de pourcentage de plus que les natifs. Dans l'ensemble, les immigrés sont aussi plus souvent à leur propre compte que les natifs (40 % en Côte d'Ivoire et 66 % au Sénégal).

Graphique 3.4. Taux d'emploi selon le genre et le statut dans l'emploi des émigrés maliens en Côte d'Ivoire et au Sénégal, 2015 et 2013

% de la population âgée de 15 ans et plus

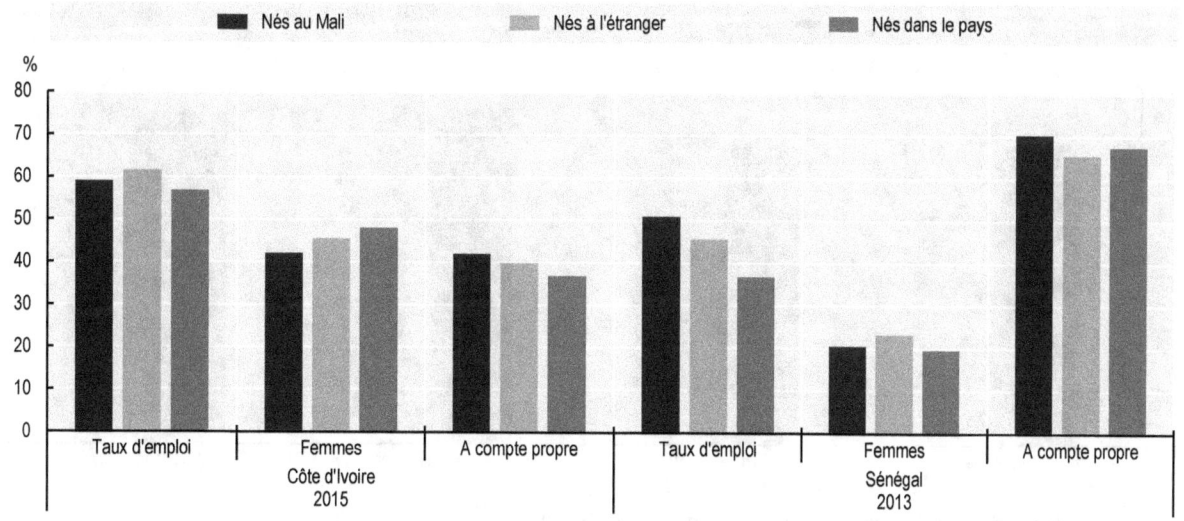

Sources : Enquête sur le niveau de vie des ménages en Côte d'Ivoire de l'INS (ENV) de 2015, Recensement général de la population et de l'habitat, de l'agriculture et de l'élevage du Sénégal de l'ANSD (RGPHAE) de 2013.

L'emploi des émigrés s'améliore depuis 2010

L'insertion sur le marché du travail des immigrés des pays de l'OCDE s'est relativement améliorée au sortir de la crise économique et financière internationale et européenne de la fin des années 2000 et de la première moitié des années 2010. Comme présenté dans le Graphique 3.5, quel que soit le pays d'origine, le taux d'emploi a augmenté entre 1 et 2.5 points de pourcentage. Il s'inscrit dans le contexte de reprise relative de l'économie des pays de l'OCDE dont témoigne la légère augmentation du taux d'emploi des individus nés dans ces pays. La hausse la plus importante de l'activité s'observe dans les pays de l'UEMOA notamment au Mali où le taux d'emploi a augmenté de près de 3 points de pourcentage entre 2010 et 2015.

Graphique 3.5. Taux d'emploi des émigrés selon le pays de naissance dans les pays de l'OCDE, 2010/11 et 2015/16

% de la population entre 15 et 64 ans

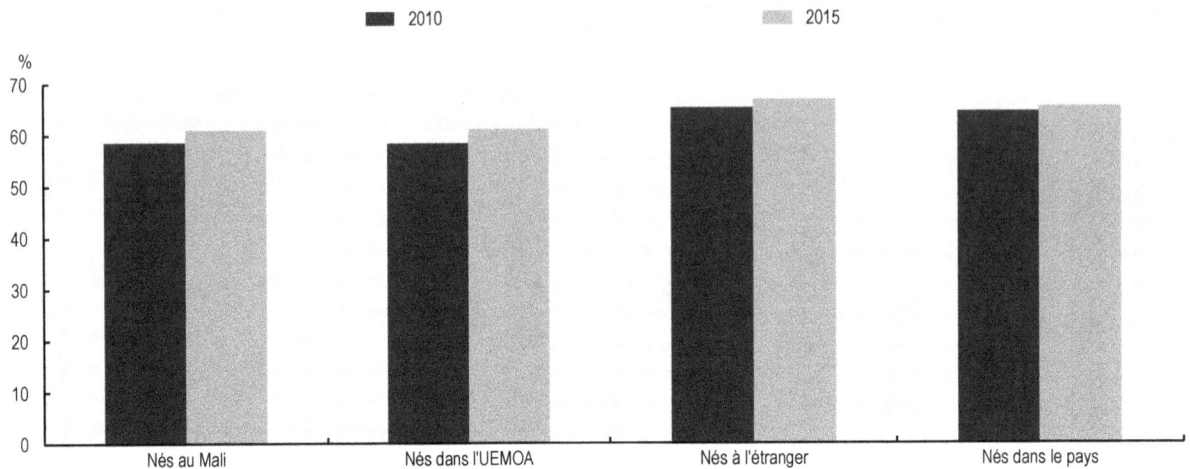

Source : Base de données sur les immigrés dans les pays de l'OCDE (DIOC) 2015/16.

Cela se traduit inégalement dans les pays de destination comme présenté dans le Graphique 3.6. En France et en Belgique, les taux d'emploi sont restés très stables aussi bien pour les immigrés que pour les individus nés dans le pays. En Espagne, très touché par la crise de la dette, le taux d'emploi des émigrés du Mali a augmenté de quasiment 30 points de pourcentage entre 2010 et 2015. Cette augmentation significative des actifs occupés s'observe pour l'ensemble des immigrés en Espagne, le taux d'emploi des émigrés des pays de l'UEMOA a augmenté de plus de 20 points de pourcentage entre 2010 (34 %) et 2015 (58 %) et de 10 points de pourcentage pour les immigrés en général (58 % en 2015). La croissance du taux d'emploi est plus faible pour les natifs passant de 57 % à 60 % de la population en âge de travailler Cet écart entre la croissance de l'emploi des immigrés et des natifs s'explique en partie par le fait que l'essentiel de la croissance de la population active en Espagne est due à l'accroissement de la population née à l'étranger résidant en Espagne, intervenant parallèlement au vieillissement de la population native (Defensor del Pueblo, 2020[1]). Cependant, les immigrés en Espagne semblent plus vulnérables que les autochtones car s'ils sont davantage occupés, ils ont aussi significativement plus de risque d'être au chômage que les natifs : le taux de chômage des immigrés oscille entre 25 et 35 % selon leur pays de naissance contre 18 % pour les natifs.

Graphique 3.6. Taux d'emploi des émigrés selon le pays de naissance et le pays de destination dans les pays de l'OCDE, 2010/11 et 2015/16

% de la population entre 15 et 64 ans

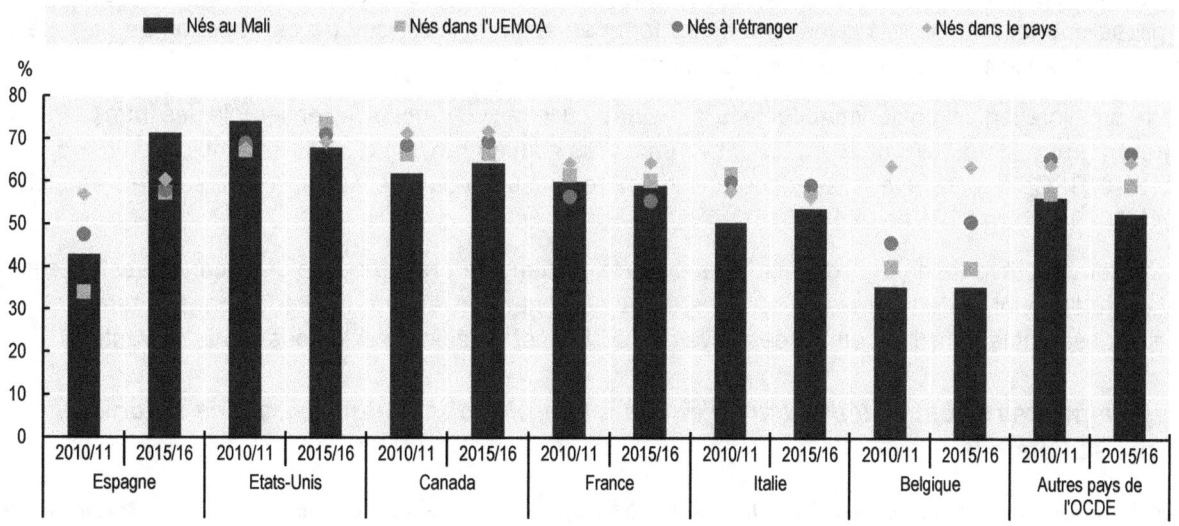

Source : Base de données sur les immigrés dans les pays de l'OCDE (DIOC) 2010/11 et 2015/16.

Les données de l'EEC de la France confirment une évolution relativement positive de l'emploi pour les immigrés et plus particulièrement pour les émigrés maliens. Après une baisse des niveaux d'emploi entre 2010 et 2015 passant de 67 % à 60 % pour les émigrés maliens et de 57 à 55 % pour l'ensemble des immigrés, la situation sur le marché du travail s'est améliorée (Graphique 3.7). En 2019/2020 le taux d'emploi des émigrés maliens atteint 63 % soit 3 points de pourcentage de plus qu''en 2015/2016 mais reste inférieur aux niveaux observés au début des années 2010.

Graphique 3.7. Taux d'emploi des émigrés maliens selon le genre et de l'ensemble des immigrés en France, 2011/2020

% de la population entre 15 et 64 ans

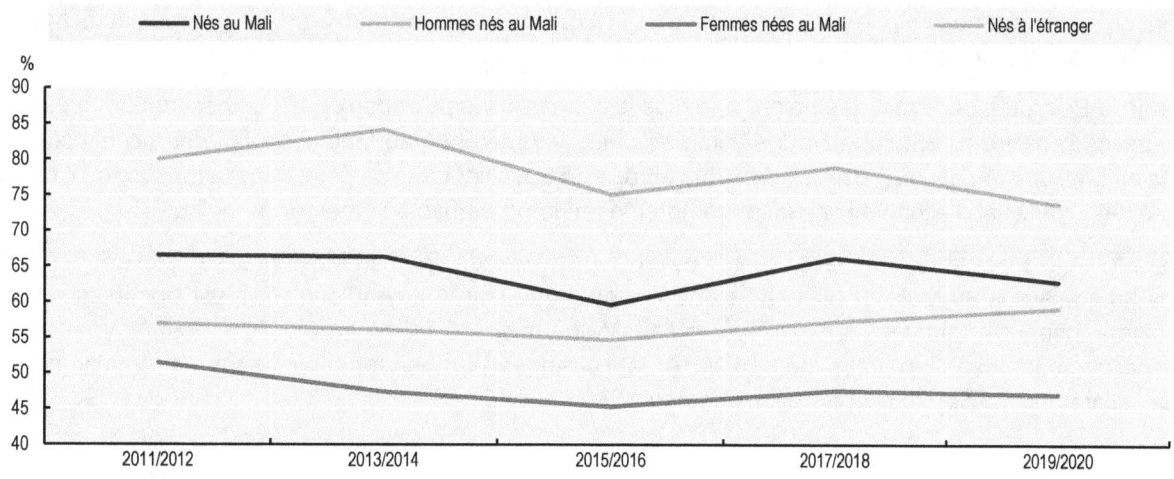

Source : Enquête emploi en continu de l'Insee (EEC) 2011/2020.

Cette amélioration de l'intégration des émigrés maliens sur le marché du travail semble s'expliquer principalement par le retour à l'activité des individus au chômage. Le taux de chômage a diminué de 2 points de pourcentage sur la période la plus récente (13 % des émigrés maliens actifs). Il est important de noter que le chômage dit partiel institué lors de la crise sanitaire liée à la pandémie de COVID-19 pour protéger et soutenir l'activité économique n'est pas comptabilisé dans le taux de chômage en France. Cela explique que les effets de la pandémie ne se font pas sentir sur les taux de participation au marché du travail en France comme cela peut être le cas dans d'autres pays.

Cette amélioration est conjoncturelle dans la mesure où le taux d'emploi de l'ensemble des immigrés s'est amélioré entre 2015/2016 et 2019/2020. Les immigrés sont en moyenne 59 % en emploi contre 55 % en 2015/2016. Cela s'observe aussi dans une moindre mesure pour les natifs : 66 % sont en emploi en 2019/2020 (contre 65 % en 2015/2016).

L'amélioration récente du taux d'emploi des émigrés maliens en France cache des écarts substantiels de l'accès à l'emploi entre femmes et hommes et qui se sont relativement maintenus dans le temps. Cette réalité observable dans l'ensemble des pays de l'OCDE est étudiée dans la sous-partie suivante.

Des disparités substantielles dans l'accès à l'emploi des émigrés maliens selon leur genre subsistent

Les femmes immigrées doivent faire face à un défi double pour s'insérer sur marché du travail, du fait d'une part des inégalités de genre (OCDE, 2020[2]) et d'autre part de leur origine étrangère. Il existe de fait des différences souvent significatives d'insertion sur le marché du travail entre les hommes et les femmes parmi les immigrés vivant dans les pays de l'OCDE. Celles-ci se sont mêmes creusées entre 2010/2011 et 2015/2016. En moyenne, en 2015/2016, le taux d'emploi des femmes est inférieur d'au moins 12 points de pourcentage à celui des hommes (voir Graphique 3.8). Parmi les émigrés maliens, cet écart est encore plus grand : seule la moitié des émigrées maliennes d'âge actif ont un emploi contre plus de deux tiers (67 %) de leurs homologues masculins. Cet écart de taux d'emploi se décline en un taux d'activité plus faible parmi les femmes (67 %, contre 80 % pour les hommes) mais aussi par un taux de chômage plus élevé (25 %, contre 15 % pour les hommes). Par ailleurs, les émigrées maliennes ont tendance à être davantage inactives (32 % contre 20 % pour les hommes). Elles sont aussi plus souvent au chômage (25 %) que les hommes (15 %) mais aussi que les femmes natives (10 %). Cela ne semble pas s'expliquer par des différences notables entre les caractéristiques individuelles des hommes et des femmes notamment par des différences de niveau d'éducation et ce quel que soit le pays de destination.

Ce résultat s'observe dans l'ensemble des principaux pays de destination de l'OCDE des immigrés comme le montre le Graphique 3.9 et ce quel que soit le pays de naissance. Si les différences d'accès à l'emploi sont plus hétérogènes pour les natifs des pays de l'OCDE que pour les immigrés, les femmes autochtones souffrent aussi d'un accès inégal au marché du travail.

Seule la Belgique, où le taux d'emploi est le plus faible parmi les principaux pays de destination, présente un accès similaire à l'emploi entre les hommes et les femmes nés au Mali. Cela fait des actifs occupés nés au Mali une exception parmi les individus en âge de travailler dans ce pays dans la mesure où il existe un écart significatif d'accès à l'emploi entre hommes et femmes nés à l'étranger (hors UEMOA).

L'écart est le plus marqué en Italie, où seules 21 % des femmes nées au Mali ont un emploi contre 60 % des hommes nés au Mali. Si cet écart s'observe quel que soit le pays d'origine, il est significativement moindre pour les femmes nées ailleurs qu'au Mali. Ainsi, 36 %, 47 % et 49 % des femmes nées respectivement dans un pays de l'UEMOA, à l'étranger et nées en Italie sont en emploi contre respectivement 67 %, 71 % et 65 % des hommes.

Graphique 3.8. Taux d'emploi des émigrés selon le pays de naissance et le genre dans les pays de l'OCDE, 2015/16

% de la population entre 15 et 64 ans

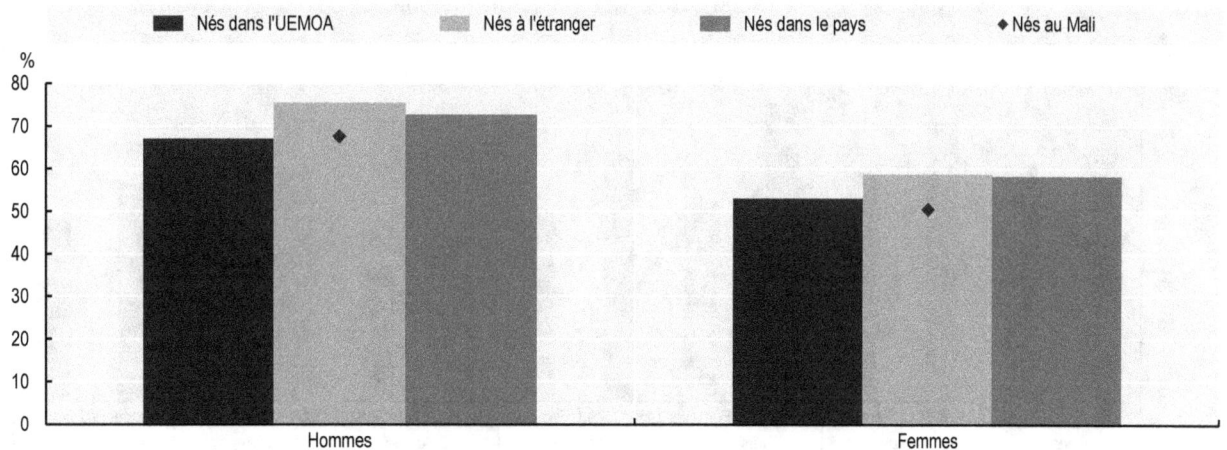

Source : Base de données sur les immigrés dans les pays de l'OCDE (DIOC) 2015/16.

En France, premier pays d'accueil des émigrés maliens, une femme sur deux est en emploi en 2015/2016 contre deux hommes sur trois. Si le taux d'emploi des femmes nées au Mali est relativement similaire au taux moyen des femmes immigrées (48 %), il est significativement inférieur à celui des femmes des pays de l'UEMOA (55 %) et surtout à celui des natives (62 %). Elles sont, par ailleurs, plus souvent au chômage (27 %) que les hommes (15 %) et que les natives (13 %), et davantage en situation d'inactivité. Effectivement, près d'un tiers des femmes nées au Mali et résidant en France (31 %) sont inactives alors que moins d'un quart des femmes des pays de l'UEMOA (24 %) le sont.

Les données les plus récentes disponibles pour la France confirment ce constat. Les écarts semblent se creuser entre les taux d'emploi des émigrées malienne sur la période 2017/2020 et ceux observés en 2015/2016. Si le taux d'emploi des femmes nées au Mali reste relativement stable, 47 % d'entre elles sont actives occupées, les hommes, en revanche, semblent mieux s'intégrer sur le marché du travail relativement à la période précédente : trois adultes sur quatre sont désormais des actifs occupés.

Cette intégration sur le marché du travail, très inférieure à celle des hommes, se matérialise par un taux d'inactivité des femmes très élevé touchant plus de 2 émigrées maliennes sur 5 (41 %) soit environ 15 000 femmes entre 15 et 64 ans résidant en France contre 13 % des hommes nés au Mali et 30 % des femmes nées en France. Une partie d'entre elles sont encore en études ou en formation. Effectivement, 17 % des femmes inactives nées au Mali étudient encore ou se forment en France. Les 83 % restant ne sont donc ni en emploi, ni en études ni en formation. Par ailleurs, comme présenté dans le Chapitre 1, l'essentiel des premiers titres de séjour octroyés aux femmes nées au Mali le sont pour des raisons familiales (60 % des premiers permis obtenus entre 2012 et 2019 contre 29 % des permis pour les hommes). Par ailleurs, moins d'un premier permis obtenu sur 50 (1.8 %) par les émigrées maliennes le sont pour exercer un travail (contre 28 % des hommes)[1].

Graphique 3.9. Taux d'emploi des émigrés selon le genre, le pays de naissance et le pays de destination dans les pays de l'OCDE, 2015/16

% de la population entre 15 et 64 ans

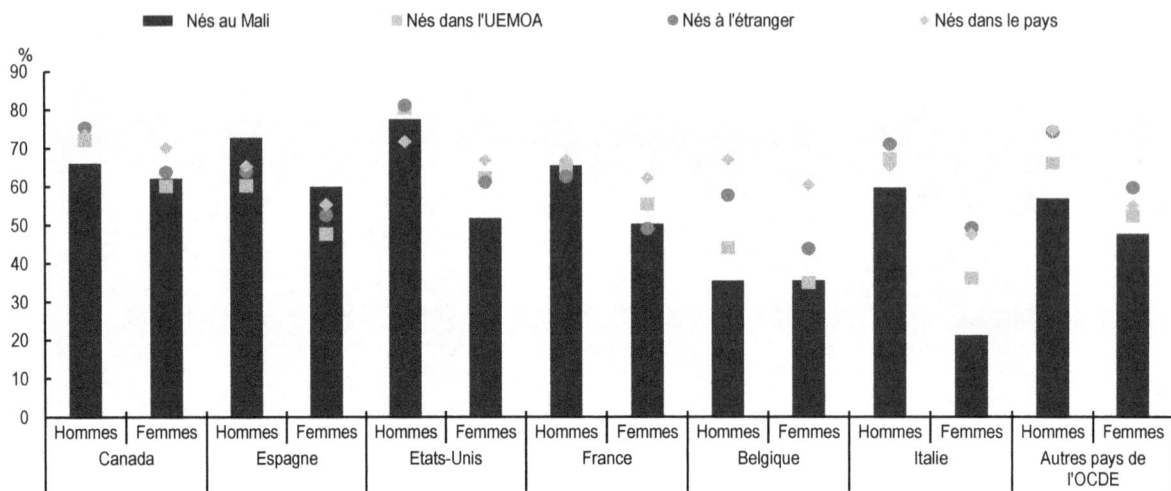

Source : Base de données sur les immigrés dans les pays de l'OCDE (DIOC) 2015/16.

L'accès à l'emploi des émigrés maliens s'améliore avec leur niveau d'éducation

Comme attendu, pour les émigrés maliens comme pour l'ensemble de la population, l'employabilité des individus s'améliore avec leur niveau d'étude comme le montre le Graphique 3.10. Ainsi, deux tiers des émigrés maliens avec un niveau d'éducation élevé, c'est-à-dire qui ont atteint l'enseignement supérieur, ont un emploi. Ce taux diminue à 63 % pour ceux ayant un niveau intermédiaire (deuxième cycle de l'enseignement secondaire) et à 58 % pour ceux avec un niveau faible (premier cycle de l'enseignement secondaire ou moins). Ces taux sont restés relativement stables entre 2010 et 2015.

Cependant, l'accès à l'emploi des émigrés maliens diffère substantiellement des individus nés dans d'autres pays. Tout d'abord, les émigrés maliens s'étant arrêté au collège ou avant semblent accéder au marché du travail plus facilement que les autres à niveau d'étude égal. En 2015, 58 % d'entre eux sont des actifs occupés. De façon générale, les immigrés étaient 54 % à être en emploi, soit 4 points de pourcentage de moins que les émigrés maliens. Cet écart s'est donc creusé depuis 2010 puisqu'il n'était que de 1 point de pourcentage en 2010. L'écart est d'autant plus important avec les natifs dont seulement 45 % sont en emploi. Cependant, ce dernier résultat ne devrait pas être étonnant, dans la mesure où le niveau d'étude minimum généralement atteint dans les pays de l'OCDE dépasse le secondaire inférieur. Ainsi, la grande majorité des individus sans emploi nés dans le pays et avec un niveau d'éducation faible sont inactifs plutôt qu'à la recherche d'un emploi.

Ce rapport entre émigrés maliens et les immigrés s'inverse dès que les individus ont atteint un niveau d'éducation intermédiaire. Ainsi, les individus nés au Mali avec un niveau d'étude moyen en emploi ne sont que 5 points de pourcentage de plus (63 %) que ceux avec un niveau d'étude faible. Ce niveau d'emploi est inférieur à la moyenne des immigrés dans les pays de l'OCDE : 68 % d'entre eux ont un emploi. 62 % des émigrés des pays de l'UEMOA sont en emploi. Enfin, les émigrés maliens ayant eu accès à un enseignement supérieur rencontrent davantage de difficultés à trouver un emploi relativement aux autres résidents à niveau d'étude équivalent. Effectivement, près de trois quart des individus les plus éduqués nés à l'étranger sont des actifs occupés (72 % pour ceux nés dans l'UEMOA et 77 % pour ceux nés à l'étranger) contre deux tiers des émigrés maliens. Les natifs avec un niveau d'éducation supérieur sont 82 % à être en emploi.

Ainsi, malgré un accès à l'emploi d'autant plus facile que le niveau d'étude est élevé, les émigrés maliens éduqués rencontrent plus de difficulté sur le marché du travail que les autres à niveau d'étude égal. Ils sont ainsi plus souvent au chômage (14 % contre 4 % des natifs) et inactifs (22 % contre 14 % des natifs).

Graphique 3.10. Taux d'emploi des émigrés selon le niveau d'éducation et le pays de naissance dans les pays de l'OCDE, 200/11 et 2015/16

% de la population entre 15 et 64 ans

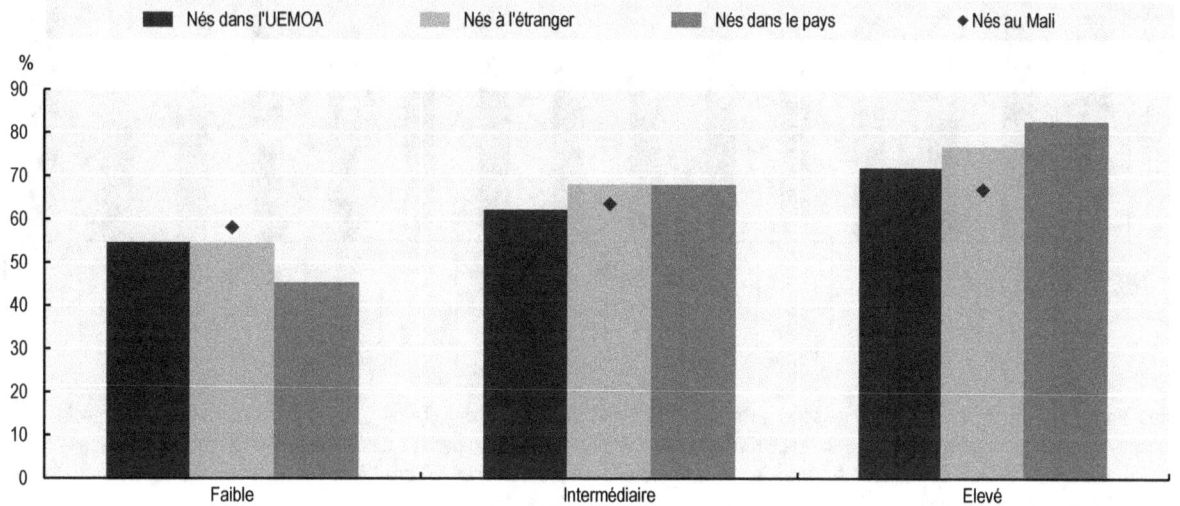

Note : Un niveau d'éducation faible correspond au mieux à un enseignement secondaire de premier cycle, un niveau intermédiaire à un enseignement secondaire de deuxième cycle et un niveau élevé à un enseignement supérieur.
Source : Base de données sur les immigrés dans les pays de l'OCDE (DIOC) 2015/16.

La meilleure intégration sur le marché du travail des émigrés maliens que le reste de la population en âge de travailler quand ils n'ont suivi qu'un enseignement secondaire de premier cycle ou moins se retrouve dans la plupart des principaux pays de destination (voir Graphique 3.11). Ainsi, en Espagne 70 % d'entre eux sont en emploi contre seulement la moitié pour les 15-64 ans en moyenne. De façon similaire, en France, 58 % des émigrés faiblement éduqués du Mali ont un emploi contre 38 % et 44 % pour les natifs et les immigrés respectivement. L'accès à l'emploi s'améliore même pour les émigrés maliens avec un niveau d'éducation faible puisqu'entre 2017 et 2020 leur taux d'emploi est de 63 %. Ce taux atteint les niveaux d'emploi des émigrés maliens ayant un niveau d'éducation moyen, et dépasse le taux d'emploi moyen des immigrés avec un niveau intermédiaire résidant en France. Trois quart émigrés maliens avec un niveau d'étude supérieur occupent un emploi sur cette même période.

Graphique 3.11. Taux d'emploi des émigrés selon le niveau d'étude atteint, le pays de naissance et le pays de destination dans les pays de l'OCDE, 2015/16

% de la population entre 15 et 64 ans

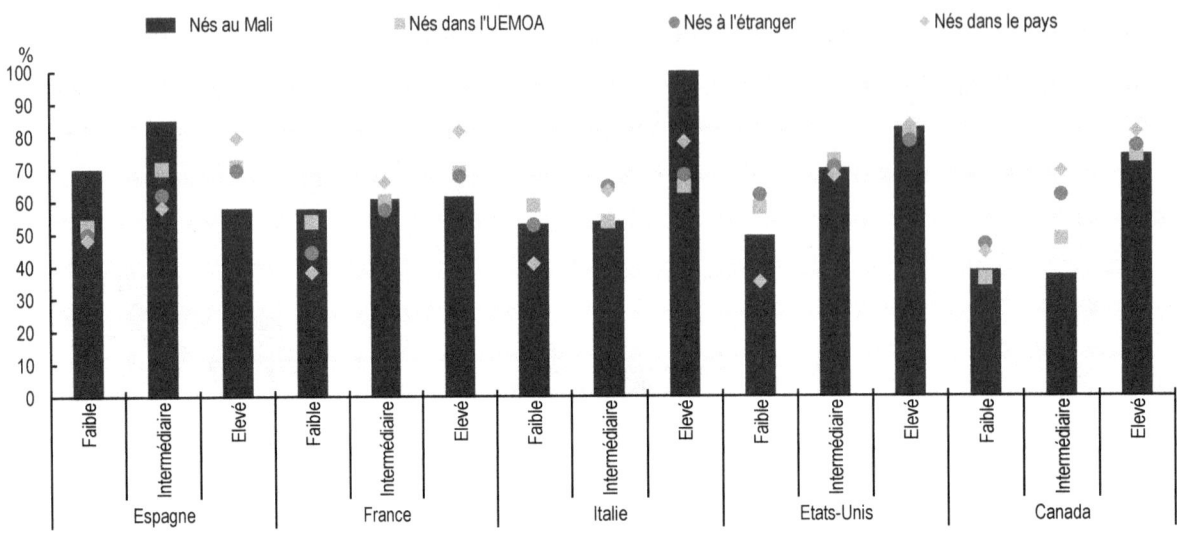

Note : Un niveau d'éducation faible correspond au mieux à un enseignement secondaire de premier cycle, un niveau intermédiaire à un enseignement secondaire de deuxième cycle et un niveau élevé à un enseignement supérieur. Les niveaux d'emploi observés en Italie pour les émigrés maliens avec un niveau d'étude supérieur sont à interpréter avec précaution du fait des très faibles effectifs correspondants.
Source : Base de données sur les immigrés dans les pays de l'OCDE (DIOC) 2015/16.

Le taux d'emploi supérieurs des émigrés maliens les plus éduqués cache une grande inadéquation entre leur qualification et les emplois occupés

Si les émigrés maliens diplômés du supérieur ont une probabilité plus élevée d'être en emploi que les moins éduqués, plus de la moitié d'entre eux ont un emploi ne nécessitant pas un tel niveau d'éducation, comme le montre le Graphique 3.12. Dans les pays de l'OCDE, en 2015/2016, 56 % des émigrés maliens diplômés du supérieur occupent un emploi en inadéquation avec leurs qualifications, un taux supérieur à celui observé pour l'ensemble des émigrés des pays de l'UEMOA (44 %). Ce taux est également plus de 20 points de pourcentage supérieur à celui prévalant pour l'ensemble des immigrés dans les pays de l'OCDE (35 %), et pour les natifs de ces pays (28 %).

Le déclassement des travailleurs nés au Mali est d'autant plus important dans les pays non francophones. En Espagne, parmi les diplômés du supérieur, le déclassement touche 51 % de l'ensemble des émigrés, 72 % des émigrés de l'UEMOA et plus de 80 % des émigrés maliens. Aux États-Unis, le déclassement touche 66 % des émigrés maliens (58 % des émigrés de l'UEMOA) alors qu'en moyenne seulement 35 % des immigrés et des natifs diplômés du supérieur sont concernés par cette inadéquation entre leur niveau d'étude et le niveau de qualification de leur emploi.

Si le taux de déclassement des émigrés maliens est dans l'ensemble relativement similaire pour les hommes et femmes, il existe des différences plus marquées pour ceux résidant aux États-Unis. Les femmes sont en effet davantage exposées au déclassement : 75 % d'entre elles occupent un poste ne requérant pas des qualifications correspondant à un diplôme du supérieur, contre 63 % des hommes nés au Mali.

Graphique 3.12. Taux de déclassement des émigrés selon le pays de naissance et le pays de destination dans les pays de l'OCDE, 2015/16

% de la population en emploi avec un niveau d'étude supérieur

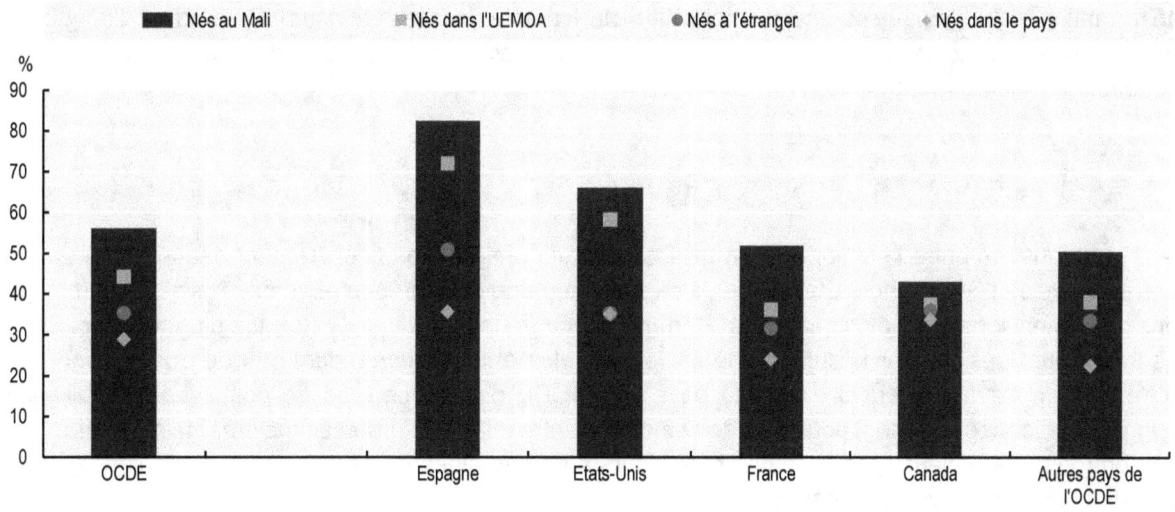

Note : L'Italie n'a pas été incluse pour ces résultats, les émigrés maliens avec un niveau d'étude supérieur étant très faiblement représentés.
Source : Base de données sur les immigrés dans les pays de l'OCDE (DIOC) 2015/16.

> **Encadré 3.1. Déclassement : définition et mesure**
>
> Indicateur : On parle de déclassement lorsque le niveau d'éducation formel de l'individu est plus élevé que celui que requiert l'emploi qu'il occupe. Le taux de déclassement estimé ici est la part des personnes ayant un diplôme de l'enseignement supérieur et occupant un emploi peu ou moyennement qualifié. Le niveau d'étude est mesuré à partir de la Classification internationale type de l'éducation (CITE), les diplômés du supérieur étant classés dans les niveaux 5 et 6. Le niveau de qualification des emplois est mesuré à partir de la Classification internationale type des professions (CITP), une profession très qualifiée comprenant les CITP 1, 2 et 3.
>
> Chez les immigrés, le déclassement est supposé rendre compte du degré de transférabilité du capital humain d'un pays à l'autre. En effet, les diplômes et les compétences linguistiques acquises dans le pays d'origine ne sont pas toujours immédiatement transférables dans le pays d'accueil.
>
> Champ : Population en emploi de 15 à 64 ans ayant un haut niveau d'éducation (CITE 5-6), non compris les forces armées (CITP 0), dont le niveau de qualification de l'emploi n'est pas référencé.

Dans les pays francophones, du moins en partie, le déclassement n'est pas pour autant faible ; il touche 43 % des émigrés maliens les plus éduqués au Canada. Dans ce dernier pays, il s'écarte moins des taux de déclassement des autres émigrés les plus éduqués situés entre 34 % et 38 % selon le pays d'origine. En revanche en France, le déclassement concerne plus de la moitié des émigrés maliens (52 %) soit plus de 25 points de pourcentage de plus que ceux nés en France (20 et 15 points de pourcentage de plus par rapport à la moyenne de ceux nés à l'étranger et de ceux nés dans l'UEMOA, respectivement).

Sur la période la plus récente, en France, ces constats se maintiennent. Le taux de déclassement des émigrés maliens ayant suivi des études supérieures reste élevé (47 %)[2]. Ce taux est largement supérieur quand les émigrés ont vraisemblablement effectué leurs études supérieures à l'étranger, avant leur arrivée en France[3]. Effectivement, deux tiers des individus arrivés en France après 25 ans (67 %) occupent un emploi en inadéquation avec leurs qualifications contre plus d'un tiers (36 %) pour ceux arrivés à 24 ans ou avant. Les diplômes obtenus en France semblent constituer donc un signal positif pour occuper un poste hautement qualifié. De plus, les émigrés maliens avec une formation générale sont davantage exposés au déclassement (59 %) que ceux avec une formation spécialisée (34 % pour ceux ayant suivi une formation technologique ou une spécialisation plurivalente dans les services). Cependant, l'acquisition de la nationalité française ne semble pas favoriser l'obtention d'un emploi en adéquation avec le niveau d'études.

Les émigrés maliens sont surreprésentés dans les professions élémentaires

Cette inadéquation entre l'emploi et les qualifications des émigrés, particulièrement des émigrés du Mali dans les pays de l'OCDE (hors États-Unis), s'explique par une surreprésentation des travailleurs immigrés dans les professions les moins qualifiées. Comme le montre le Graphique 3.13, plus d'un tiers, soit 36 %, des travailleurs nés au Mali occupent une profession élémentaire, demandant peu de qualification alors qu'à peine un travailleur sur dix natif du pays de l'OCDE occupe ce type de poste. Les travailleuses émigrées maliennes occupent pour près de la moitié d'entre elles une profession élémentaire (contre 31 % des hommes). La majeure partie de ces travailleurs sont des aides ménagers (21 % dans l'ensemble et 42 % des femmes actives occupées).

Suivent ensuite les professions de service direct aux particuliers (15 % des émigrés du Mali), dont les commerçants et vendeurs, pour lesquelles les femmes sont encore davantage représentées que les hommes, puis les métiers qualifiés de l'industrie et de l'artisanat et les conducteurs d'installation et de machine (respectivement 13 % et 10 % des actifs occupés nés au Mali). Les hommes sont relativement mieux représentés dans ces deux derniers types de professions que les femmes.

Viennent ensuite les professions intermédiaires et les professions intellectuelles et scientifiques pour lesquelles les émigrés maliens sont largement sous-représentés par rapport à la population native de ces pays. Ils sont 8 % et 7 % respectivement dans ces métiers contre 16 % et 17 % pour les natifs. Ils sont à peine 3 % à occuper un poste de direction ou de cadres contre 6 % des natifs. La proportion de femmes et d'hommes occupant des postes hautement qualifiés est relativement similaire chez les émigrés maliens.

Les professions des travailleurs émigrés maliens diffèrent selon le pays de destination

Cette distribution est davantage contrastée selon les pays de destination, comme présenté dans le Graphique 3.14. C'est en Espagne que les émigrés maliens occupent le plus des professions élémentaires (55 %). Ils sont 20 % à travailler dans des métiers qualifiés de l'industrie. Ils occupent de façon non négligeable des postes d'agriculteurs et ouvriers qualifiés (12 % des émigrés maliens actifs occupés). Cependant, moins de 2 % d'entre eux occupent un poste hautement qualifié (postes de direction, professions intellectuelles et professions intermédiaire).

Graphique 3.13. Professions des émigrés maliens selon le genre dans les pays de l'OCDE, 2015/16

% de la population en emploi

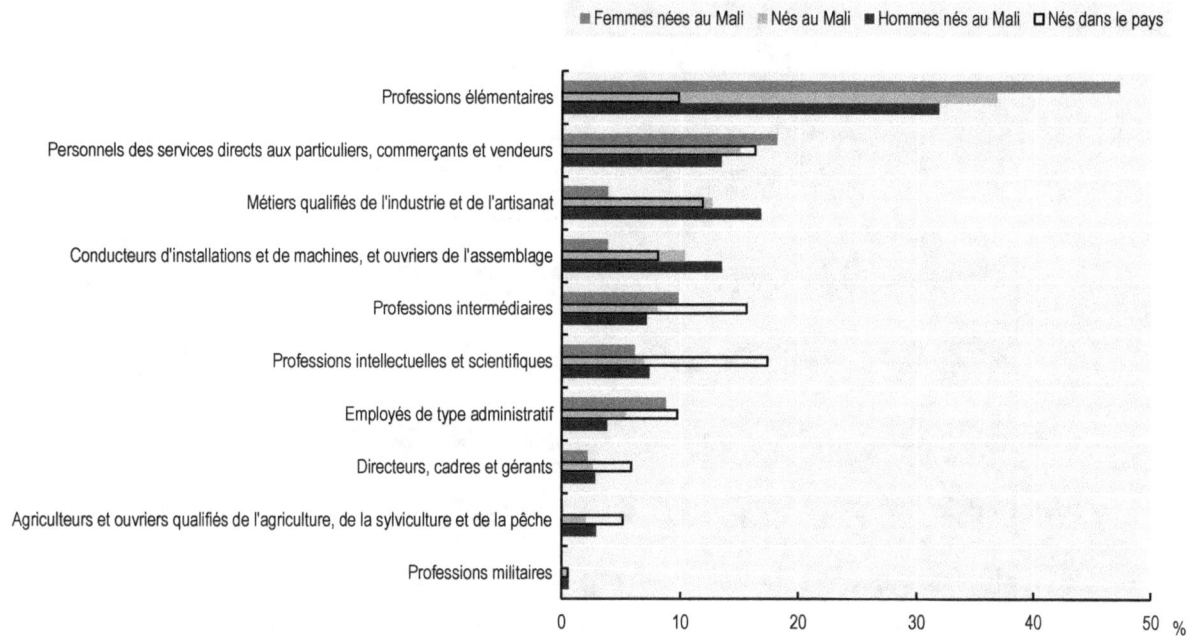

Note : Les États-Unis ne sont pas inclus dans les pays de destination du fait d'une classification différente des professions.
Source : Base de données sur les immigrés dans les pays de l'OCDE (DIOC) 2015/16.

En France et en Italie, 35 % des travailleurs émigrés maliens ont une profession élémentaire mais la distribution du reste des travailleurs émigrés du Mali diffère entre les deux pays. En Italie, l'essentiel des travailleurs nés au Mali (42 %) ont un métier qualifié de l'industrie ou de l'artisanat et moins de 3 % occupent un poste hautement qualifié. En France, la distribution est davantage dispersée entre les différentes professions avec trois types de professions qui rassemblent chacun au moins 10 % des travailleurs nés au Mali, à savoir les personnels des services directs aux particuliers (16 %), les conducteurs d'installations et de machines (12 %) et les personnels qualifiés de l'industrie et de l'artisanat (11 %). Par ailleurs, près d'un actif occupé né au Mali et résidant en France sur cinq (19 %) occupe un poste hautement qualifié parmi lesquels un tiers occupe une profession intellectuelle et scientifique.

Au Canada la situation dans l'emploi des émigrés maliens est radicalement différente. Effectivement, la moitié des actifs occupés qui sont nés au Mali y occupent un emploi hautement qualifié et seuls 8 % ont une profession élémentaire. Ces derniers résultats s'expliquent en partie par les besoins de main d'œuvre et donc des politiques mises en place pour la migration de travail. Effectivement, le Canada est le pays de l'OCDE qui accueille le plus grand nombre d'immigrés qualifiés disposant d'un système d'immigration le plus élaboré pour ce faire (OCDE, 2019[3]).

Le constat reste similaire voire s'accentue davantage en France dans les années les plus récentes comme le montre le Graphique 3.15. Entre 2017 et 2020, les professions élémentaires représentent toujours le premier type de métiers occupés par les immigrés en France (19 % contre 9 % des natifs) parmi lesquels les individus nés dans les pays de l'UEMOA, et au Mali plus particulièrement, sont significativement surreprésentés. Effectivement, 29 % des émigrés de l'UEMOA et 51 % des émigrés maliens occupent une profession élémentaire alors qu'à peine 11 % des émigrés maliens occupent un poste hautement qualifié.

Graphique 3.14. Professions des émigrés maliens selon le pays de destination dans les pays de l'OCDE, 2015/16

% de la population en emploi

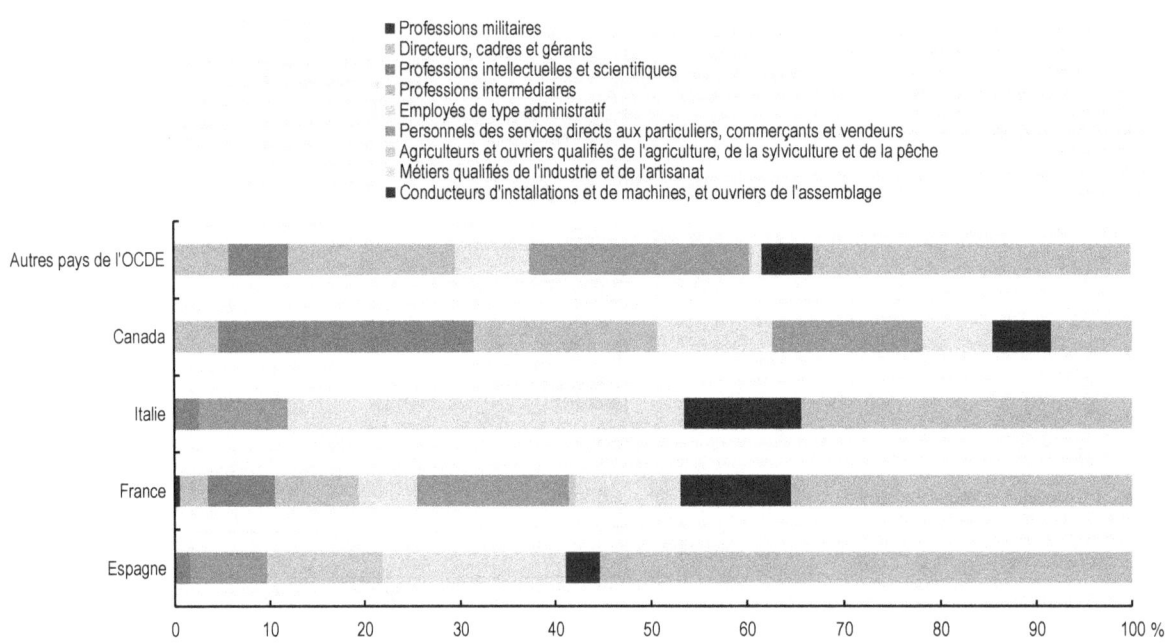

Note : Les États-Unis ne sont pas inclus dans les pays de destination du fait d'une classification des professions différente.
Source : Base de données sur les immigrés dans les pays de l'OCDE (DIOC) 2015/16.

Ces résultats en moyenne cachent des différences notables entre les professions des hommes et des femmes. Si les émigrées maliennes sont davantage concentrées dans les professions élémentaires (57 %) que les émigrés maliens (49 %), elles sont aussi mieux représentées dans les postes hautement qualifiés. 17 % des femmes nées au Mali occupent des postes de cadres, de scientifiques ou intermédiaires contre 8 % des hommes. Une femme sur cinq née au Mali en emploi en France (20 %) travaille comme personnel de services directs aux particuliers, commerçante ou vendeuse contre 13 % des hommes. Ces derniers occupent davantage des métiers qualifiés de l'industrie et de l'artisanat ou travaillent comme conducteurs d'installations et de machines (respectivement 15 et 9 %). De plus, si 67 % des émigrés maliens avec un niveau d'étude faible occupent une profession élémentaire, on y retrouve moins d'un adulte sur cinq avec un niveau d'étude supérieur (17 %). Ces derniers sont plus majoritairement (53 %) dans les postes hautement qualifiés, 35 % d'entre eux occupent une profession intermédiaire, 7 % une profession intellectuelle ou scientifique et 11 % sont directeurs, cadres ou gérants. L'acquisition de la nationalité française peut aussi faciliter l'accès à des emplois plus qualifiés : les émigrés maliens naturalisés sont 20 % à occuper de tels postes (30 % dans des professions élémentaires) contre 9 % des autres émigrés maliens (58 % dans des professions élémentaires).

Graphique 3.15. Professions des émigrés maliens selon le genre, le niveau d'éducation et la nationalité en France, 2017/20

% de la population en emploi

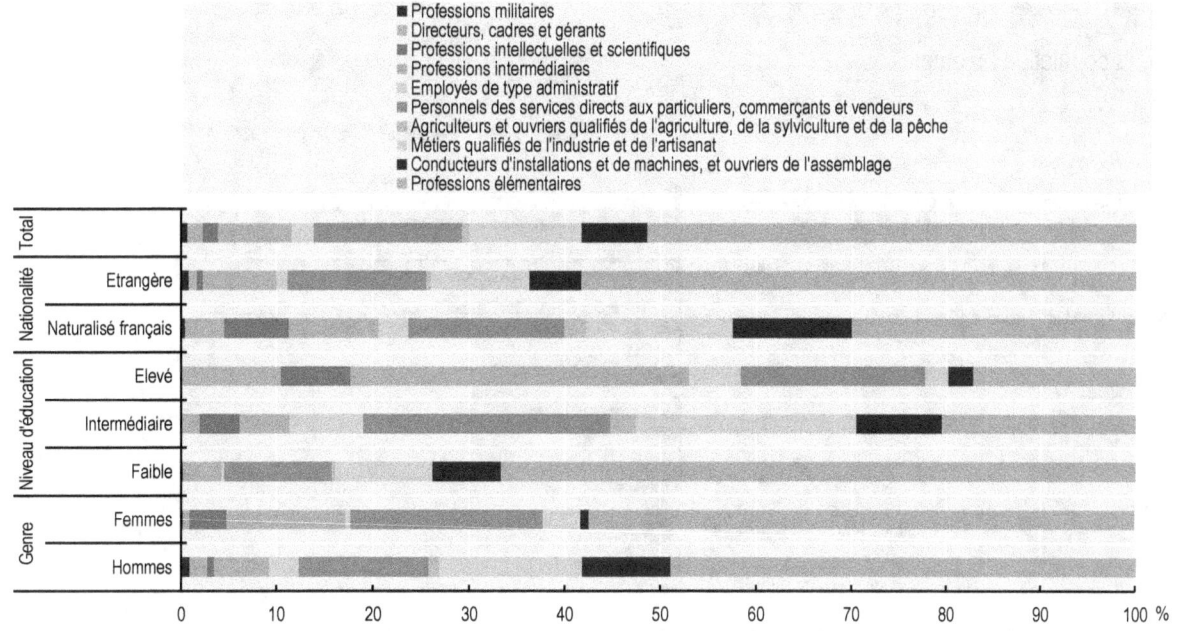

Source : Enquête emploi en continu de l'Insee (EEC), 2017/20.

L'emploi des émigrés maliens en France se fait essentiellement sous la forme de contrat à durée indéterminée (CDI, la forme de contrat de travail la plus répandue en France). Cependant, près d'un émigré malien en France sur dix est intérimaire (9 %) alors que seuls 2 % des actifs occupés nés en France sont inscrits comme tels. D'un autre côté, très peu d'émigrés maliens occupent un emploi en tant qu'indépendants (1 % contre 11 % des autochtones).

Aux États-Unis, où la classification des professions est différente, les émigrés maliens sont surreprésentés aux postes dédiés aux transports et déplacements de matériels (23 % des actifs occupés nés au Mali contre 6 % des natifs) et de commerçants et vendeurs (16 % contre 11 %).

En France, une activité tournée vers les services et le secteur privé

En France, les émigrés maliens en emploi ne représentent qu'une très faible proportion des travailleurs dans les secteurs primaires et secondaires, comme présenté dans le Graphique 3.16. Plus précisément, d'après les enquêtes emploi menées entre 2017 et 2020, aucun ne travaille dans le secteur agricole contre près de 2.5 % des natifs et 1.4 % des immigrés. Un actif occupé né au Mali sur huit (12 %) travaille dans le secteur industriel. Près de neuf émigrés maliens en emploi sur dix occupent un emploi dans le secteur des services. Plus précisément, trois quart des actifs occupés en France nés au Mali se partagent entre l'administration publique, l'enseignement et la santé (13 %), le commerce, et le tourisme (30 %) et les activités spécialisées et de services administratifs. (33 %). Dans ces deux dernières activités, les travailleurs nés au Mali sont surreprésentés par rapport aux natifs qui sont seulement 12 % et 21 %. Les immigrés, s'ils sont plus présents restent relativement moins concentrés dans ces branches d'activité (41 % en tout et 48 % pour les immigrés de l'UEMOA). Ils occupent davantage des postes dans l'administration publique, l'enseignement, la santé et l'action sociale : on y retrouve plus d'un quart des travailleurs nés dans un pays de l'UEMOA et un cinquième de ceux nés à l'étranger en général.

Graphique 3.16. Distribution des travailleurs par secteur d'activité selon le pays de naissance en France, 2017/20

% de la population en emploi

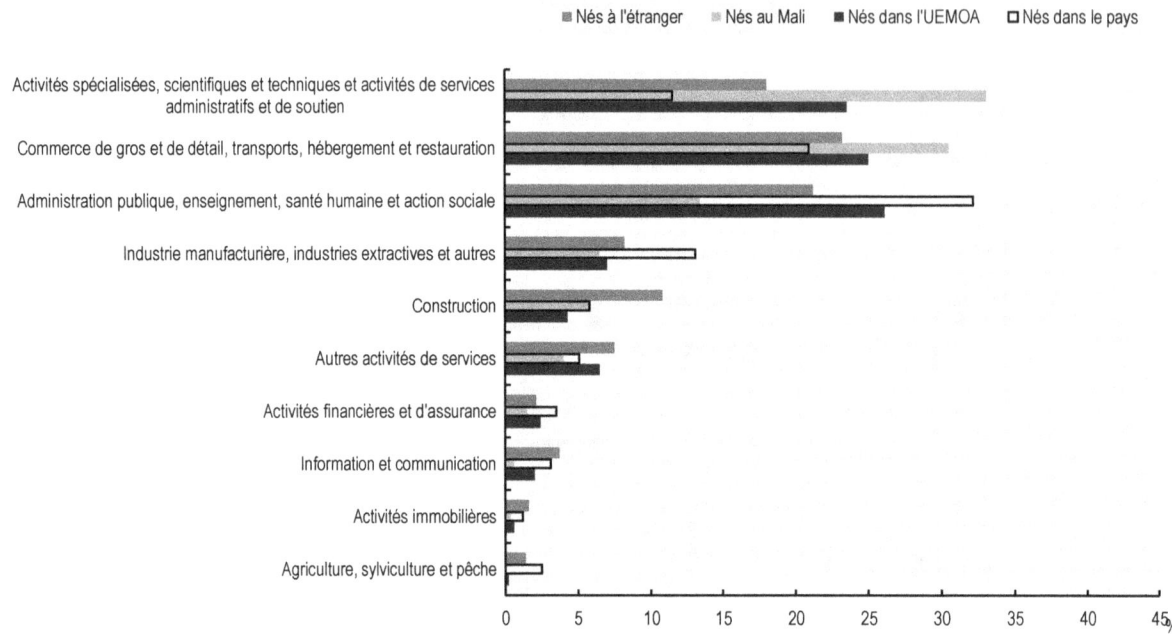

Source : Enquête emploi en continu de l'Insee (EEC), 2017/20.

Si l'essentiel des travailleurs émigrés maliens se trouve ainsi dans le secteur privé, les hommes et les femmes nés au Mali travaillent dans des secteurs très différents de l'économie française (voir Tableau 3.1). 32 % des femmes occupent notamment un emploi dans l'administration publique, l'enseignement, la santé ou l'action sociale contre seulement 6 % des hommes. Ils sont aussi 10 points de pourcentage de moins à être en emploi dans les activités spécialisées que les femmes. En revanche, plus d'un tiers des hommes travaillent dans le commerce, les transports, l'hébergement et la restauration contre un sixième des femmes nées au Mali résidant en France. Enfin, les émigrées maliennes en emploi sont presque absentes du secteur industriel : moins de 2 % d'entre elles travaillent ainsi dans le secteur de la construction ou dans l'industrie alors que près d'un émigré malien sur six (17 %) travaille dans le secteur secondaire en France.

Les émigrés maliens avec un niveau d'éducation faible ou supérieur sont représentés dans des proportions similaires dans les activités spécialisées, scientifiques et techniques ou dans l'administration publique. Cependant, les émigrés maliens avec un niveau d'étude supérieur sont davantage présents dans les autres activités de service notamment dans le secteur de l'information et des communications (où ils représentent l'ensemble des travailleurs nés au Mali).

Tableau 3.1. Distribution des travailleurs émigrés maliens par secteur d'activité en France selon le genre et le niveau d'éducation atteint, 2017/20

% de la population en emploi

Secteurs d'activité	Ensemble	Genre		Niveau d'éducation		
		Hommes	Femmes	Faible	Moyen	Élevé
Agriculture, sylviculture et pêche	0.0	0.1	0.0	0.0	0.2	0.0
Activités immobilières	0.4	0.6	0.1	0.4	0.4	0.8
Information et communication	0.6	0.6	0.4	0.0	0.0	5.1
Activités financières et d'assurance	1.5	2.1	0.0	1.3	0.3	4.5
Autres activités de services	4.0	3.2	6.2	3.2	5.1	7.8
Construction	5.9	7.9	1.2	6.1	7.6	2.5
Industrie manufacturière, industries extractives et autres	6.5	8.9	0.4	7.0	4.8	6.7
Administration publique, enseignement, santé humaine et action sociale	13.4	5.8	31.8	8.6	30.5	13.3
Commerce de gros et de détail, transports, hébergement et restauration	30.5	36.3	16.3	31.8	31.9	18.7
Activités spécialisées, scientifiques et techniques et activités de services administratifs et de soutien	33.0	30.0	40.2	36.5	18.8	39.8

Source : Enquête emploi en continu de l'Insee (EEC), 2017/20.

Intégration économique difficile des descendants d'émigrés maliens en France

Les individus nés en France d'au moins un parent émigré malien sont encore relativement jeunes ; il est donc difficile de comparer leur intégration économique à celle de leurs parents ou des descendants de natifs. De fait, en 2017/2020, parmi l'ensemble des personnes d'âge actif ayant au moins un parent né au Mali, 45 % ont entre 15 et 24 ans. Ainsi, seuls 40 % des 15-64 ans sont en emploi, tandis que 45 % étaient inactifs, avec peu de différences entre hommes et femmes. Parmi ceux entre 25 et 64 ans, 57 % sont en emploi. Ce taux est significativement inférieur à celui observé pour les individus nés d'au moins un parent immigré en France ou de parents natifs qui atteint respectivement 71 et 76 %. Ce taux s'améliore avec le niveau d'étude mais reste inférieur à celui observé pour les émigrés eux-mêmes. 63 % des descendants d'émigrés maliens ayant un niveau d'éducation élevé entre 25 et 64 ans sont en emploi à cette période (contre 45 % pour ceux avec un niveau d'étude faible). Cependant, ces derniers occupent moins fréquemment des postes en inadéquation avec leurs qualifications : seul un quart d'entre eux (26 %) ont des professions qui demandent moins de qualifications qu'ils n'en ont. Ce taux reste supérieur à celui des enfants d'immigrés en général ou des natifs (22 et 19 % respectivement).

Cela se reflète notamment dans le type de professions des descendants d'émigrés maliens en emploi, comme le montre le Graphique 3.17. Ils restent exposés aux emplois peu qualifiés et cela dans des proportions plus élevées que les descendants d'au moins un parent né à l'étranger ou de parents nés en France. Effectivement, 15 % d'entre eux ont une profession élémentaire entre 2017 et 2020. Si cela est substantiellement inférieur que leurs ainés (51 % à la même période), ils occupent près de deux fois plus fréquemment ce type de postes que les descendants d'immigrés et de natifs en France (8 %). Ils travaillent davantage comme personnels de services directs aux particuliers où ils sont 20 % quand leurs homologues nés de parents étrangers sont 16 % et de parents nés en France sont 14 %. Ils sont près de 30 % à travailler dans le secteur public contre 13 % des immigrés nés au Mali. 35 % des enfants d'émigrés maliens occupent des postes hautement qualifiés : 17 % des individus en emploi avec au moins un parent né au Mali ont une profession intermédiaire, et surtout 14 % ont une profession intellectuelle et scientifique. Ce taux cache une meilleure insertion des femmes sur les postes à haute responsabilité. Une femme sur deux occupe un poste hautement qualifié (45 %) et près d'une sur cinq a une profession intellectuelle et scientifique. Les hommes sont plus présents dans des postes faiblement qualifiés, 20 % d'entre eux ayant une profession élémentaire.

Toujours est-il qu'ils sont relativement nombreux avec un statut vulnérable dans l'emploi. Effectivement, ils sont 14 % en contrat à durée déterminée (CDD) et 9 % à être inscrits comme indépendants. Moins de deux tiers d'entre eux (64 %) sont en CDI. Cela s'explique au moins pour partie par le plus jeune âge des descendants d'émigrés maliens qui sont donc relativement plus précaires que leurs parents sur le marché du travail.

Graphique 3.17. Professions des travailleurs selon le pays de naissance des parents en France, 2017/20

% de la population née en France en emploi

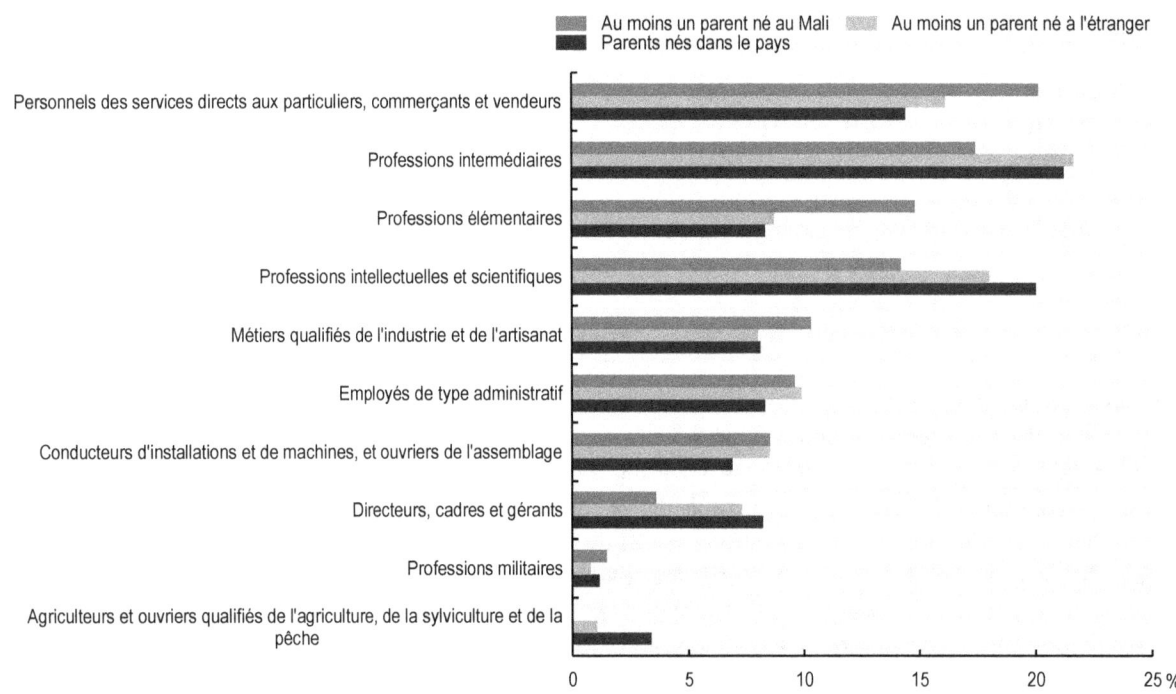

Source : Enquête emploi en continu de l'Insee (EEC), 2017/20.

Conclusion

L'intégration sur le marché du travail de la diaspora malienne est délicate dans les pays de l'OCDE. Les taux d'activité relativement élevés des émigrés maliens dans ces pays cachent en réalité un taux de chômage plus élevé que celui observé pour l'ensemble des immigrés. Le niveau d'éducation, le lieu des études supérieures, la durée de séjour sont autant de facteurs déterminant de l'accès à l'emploi dans ces pays. Cette insertion est d'autant plus difficile pour les femmes nées au Mali qui doivent ainsi faire face à un double défi, celui d'être une femme sur le marché du travail, d'une part, et celui d'être née à l'étranger, d'autre part. L'essentiel des travailleurs émigrés maliens occupent des postes faiblement qualifiés déclassant une partie non négligeable de la main d'œuvre avec un niveau d'étude élevé. Ils se concentrent essentiellement dans le secteur des services. Si la situation des descendants d'émigrés maliens sur le marché du travail est plus favorable, ils rencontrent davantage de difficultés et sont plus vulnérables que l'ensemble des descendants d'immigrés ou de natifs en France.

Références

Defensor del Pueblo (2020), *Informe anual 2019. Volumen II. La La contribución de la inmigración a la economia española.* [1]

OCDE (2020), *Perspectives des migrations internationales 2020*, Éditions OCDE, Paris, https://dx.doi.org/10.1787/6b4c9dfc-fr. [2]

OCDE (2019), *Recruiting Immigrant Workers: Canada 2019*, Recruiting Immigrant Workers, Éditions OCDE, Paris, https://dx.doi.org/10.1787/4abab00d-en. [3]

Notes

[1] Ces résultats statistiques issus des données compilées par Eurostat ne tiennent pas en compte de l'âge des demandeurs de permis de séjour.

[2] S'il est possible que le taux de déclassement ait diminué entre 2015/2016 et 2017/2020, il est probable que les faibles échantillons rendent les intervalles de confiance plus grands sur la période la plus récente. La diminution entre les deux périodes et sources de données doit être interprétée avec précaution.

[3] En se basant sur l'âge d'arrivée des immigrés en France, il est possible d'en déduire si les études ont été effectués en France ou non. Les individus arrivés avant leur 18 ans ont certainement effectué leurs études en France, alors que cela est relativement improbable pour les individus arrivés après leur 25 ans.

4 Aspects de l'intégration sociale des émigrés maliens

Ce chapitre examine certaines dimensions de l'intégration sociale de la diaspora malienne dans les principaux pays d'accueil de l'OCDE. Ce chapitre s'intéresse d'abord à leurs compétences en littératie et en numératie ainsi qu'à leur maîtrise de la langue du pays de destination. Il décrit ensuite les niveaux d'acquisition de la nationalité des pays de l'OCDE et les facteurs sociodémographiques qui la facilitent. L'acquisition de la nationalité des émigrés représente une étape décisive en faveur de leur intégration civique et politique. D'un autre côté, elle reflète leur volonté d'intégration.

En bref

Principaux résultats

- Les compétences des émigrés maliens en littératie et en numératie dans les pays de l'OCDE sont nettement plus faibles que celles de l'ensemble des personnes originaires de l'UEMOA, des personnes nées à l'étranger et de la population native. Parmi les émigrés maliens, les hommes ont un niveau plus élevé que les femmes en numératie.

- Seulement un tiers des émigrés maliens dans les pays de l'OCDE avaient la nationalité de leur pays d'accueil en 2015/2016. Les émigrés maliens acquéraient beaucoup moins souvent la nationalité que l'ensemble des émigrés des pays de l'UEMOA et que les immigrés dans les pays de l'OCDE.

- Le nombre annuel d'acquisitions de la nationalité de leur pays d'accueil par les émigrés maliens a toutefois fortement augmenté, passant d'environ 800 acquisitions en 2000 à près de 5 000 en 2019. L'essentiel de ces acquisitions concerne les acquisitions de la nationalité française.

- La part d'émigrés maliens ayant la nationalité varie selon les pays d'accueil : cette part était particulièrement faible en Italie et en Espagne (6 %) et était la plus élevée au Canada (47 %), en Belgique (43 %) et aux États-Unis (37 %). Ces différences peuvent s'expliquer en partie par les différences de législations nationales pour l'obtention de la nationalité.

- En France, la proportion d'émigrés maliens ayant acquis la nationalité augmente significativement au-delà de 10 ans de séjour. Toutefois, les émigrés maliens installés depuis plus de 10 ans acquièrent nettement moins souvent la nationalité française que l'ensemble des immigrés pour la même durée de séjour.

- Parmi les émigrés maliens en France, les femmes acquièrent plus souvent la nationalité française que les hommes : la proportion de femmes maliennes ayant acquis la nationalité (33 %) est supérieure de près de 10 points de pourcentages à celle des hommes en 2018/19.

- Les émigrés possédant un niveau d'éducation élevé et intermédiaire acquièrent plus souvent la nationalité que les émigrés maliens faiblement éduqués, et ce d'autant plus que la durée de séjour en France est longue.

L'intégration sociale des émigrés dans les pays d'accueil joue un rôle prépondérant dans leur intégration économique (voir Chapitre 3), leur sentiment d'appartenance et leur bien-être (voir Encadré 4.1). L'intégration sociale des immigrés se matérialise par exemple par leur niveau d'accès aux services et institutions de base dont ceux de santé que la pandémie de SARS-CoV-19 a récemment mis en lumière (voir Encadré 4.2).

> Encadré 4.1. Sentiment d'appartenance et bien-être des émigrés maliens
>
> **Les émigrés maliens partagent un sentiment de bien-être mitigé**
>
> Le sentiment d'appartenance des émigrés à leur société d'accueil, leur sentiment de satisfaction dans leur vie et leur volonté de rester dans le pays, ainsi que leur degré d'interaction avec les personnes natives sont autant d'indicateurs influant en amont et en aval de leur intégration sociale. L'enquête mondiale Gallup (voir Annexe A) permet de recueillir des données sur le sentiment de satisfaction dans la vie des émigrés maliens résidant principalement dans les pays d'Afrique de l'Ouest (notamment la Côte d'Ivoire, le Congo et la Mauritanie). Ces données indiquent que 76 % des répondants nés au Mali considèrent que leur pays de résidence actuel est un bon endroit pour vivre pour les immigrés. Cette appréciation est similaire à celle faite par l'ensemble des personnes nées dans l'UEMOA. Concernant le sentiment de satisfaction dans leur vie mesuré sur une échelle allant de 0 à 10 (10 étant le plus positif, 0 le plus négatif), le niveau moyen de satisfaction des émigrés maliens est de 4.6 sur 10. 27 % des émigrés maliens affirment être satisfaits de leur vie à 6 sur 10 ou plus. 46 % d'entre eux se disent peu satisfaits voire insatisfaits dans leur vie (0 à 4 sur 10), contre seulement 29 % de l'ensemble des émigrés de l'UEMOA. En revanche près de 70 % des émigrés originaires du Mali et de l'UEMOA affirment être satisfaits de la liberté qu'ils ont de mener leur vie dans leur pays d'accueil.
>
> En Italie, d'après l'enquête Intégration scolaire et sociale des immigrés de deuxième génération réalisée en 2015, un tiers des élèves de collèges et lycées nés au Mali souhaitaient continuer à vivre en Italie dans le futur, un niveau similaire à celui de l'ensemble des élèves nés à l'étranger (30 %). Toutefois, les élèves originaires du Mali déclarent s'entendre moins bien et passer moins de temps avec leurs camarades italiens que l'ensemble des élèves nés à l'étranger.
>
> L'intégration sociale des descendants d'immigrés dans le pays d'accueil de leurs parents est un autre indicateur de la réussite de l'intégration de ces derniers, et de la mesure dans laquelle peuvent perdurer les difficultés auxquelles les personnes originaires de l'étranger font face. En Italie, près de 60 % des descendants d'émigrés maliens préfèraient vivre à l'étranger plutôt qu'en Italie dans le futur. Bien qu'identique à la part observée pour l'ensemble des enfants d'immigrés, cette volonté de quitter l'Italie est plus significativement marquée chez les enfants de parents émigrés de l'UEMOA (près de 80 %).

Encadré 4.2. Surmortalité des émigrés maliens dans le contexte de l'épidémie de COVID-19 en France

L'épidémie de COVID-19 a eu un impact particulièrement important en termes de mortalité sur certains groupes d'immigrés dans les pays de l'OCDE (OCDE, 2020[1]). En Belgique, par exemple, l'analyse des données de décès pour la période de mars à mi-mai 2020 (première vague du COVID-19 en Europe) révèle une surmortalité particulièrement élevée touchant les hommes originaires d'Afrique sub-saharienne par rapport à la même période de l'année 2019 (Vanthomme et al., 2021[2]). Dans le cas de la France, entre 2019 et 2020, les décès des personnes nées à l'étranger ont augmenté deux fois plus (+17 %) que ceux des personnes nées en France (+ 8 %), avec une surmortalité particulièrement forte pour les natifs d'Afrique sub-saharienne (+36 %). Ce différentiel de surmortalité a été accentué lors de la période de mars à avril 2020 (Papon et Robert-Bobée, 2021[3]).

Une analyse plus détaillée des données de mortalité en France en 2019 et 2020 permet de distinguer le cas des émigrés maliens durant la première année de l'épidémie (Graphique 4.1). Globalement, en 2019, un peu plus de 330 personnes nées au Mali sont décédées en France (dont 76 % d'hommes et 60 % de personnes âgées de 60 ans et plus). En 2020, 510 personnes nées au Mali sont décédées en France (dont 78 % d'hommes et 67 % de 60 ans et plus). Cela représente un accroissement de 53 % des décès (contre +8 % pour les personnes nées en France et +17 % pour l'ensemble des immigrés). Cette augmentation a davantage touché les hommes (+56 % contre +42 % pour les femmes) et les personnes âgées de 60 ans et plus (+70 %, contre +26 % pour les moins de 60 ans). Par rapport aux émigrés ivoiriens et sénégalais, pour lesquels on retrouve des évolutions gloablement similaires, les émigrés maliens ont connu en 2020 un différentiel de surmortalité relativement modeste entre hommes et femmes, comparable à celui observé pour l'ensemble des immigrés en France.

Graphique 4.1. Évolution du nombre de décès enregistrés en France entre 2019 et 2020, selon le pays de naissance des personnes décédées et le genre

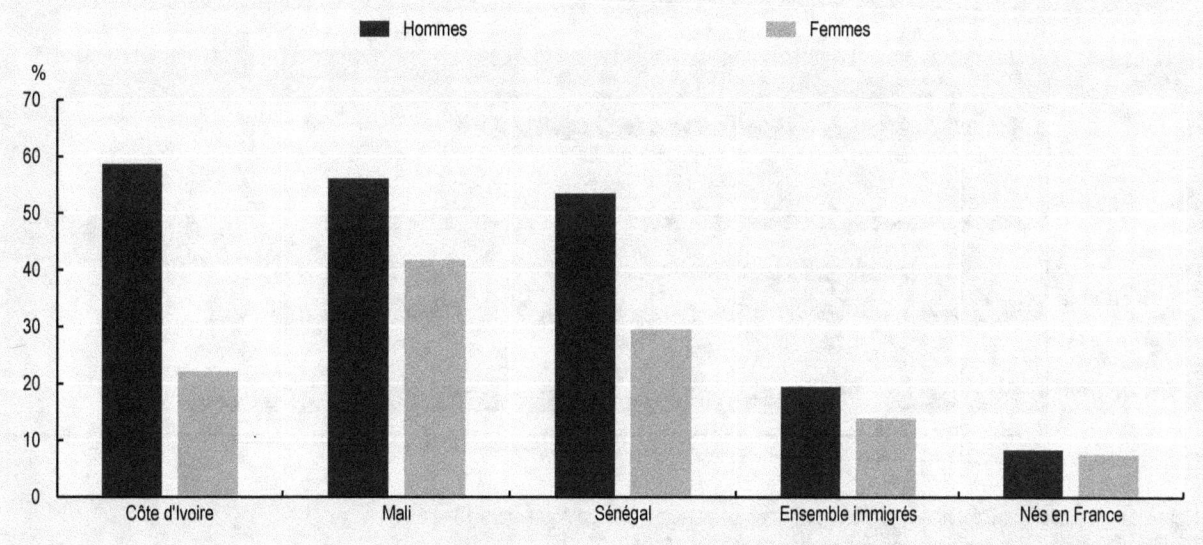

Source : Insee, statistiques de l'état civil.

Compétences et pratique de la langue des pays de destination

Au-delà du niveau général d'éducation des émigrés maliens, leurs compétences en littératie, en numératie et leur maîtrise de la langue du pays de destination sont des facteurs primordiaux de leur intégration sociale, en plus d'être des déterminants de leur insertion sur le marché du travail (OCDE/Union européenne, 2019[4]). Ces compétences permettent de participer à la vie économique et sociale de la société d'accueil et facilite leur accès à l'information, aux services publics, aux institutions et leur permet donc de faire valoir les droits auxquels ils peuvent prétendre. Cette section examine ainsi les compétences des émigrés maliens dans les pays de l'OCDE, ainsi que leur niveau de maîtrise de la langue du pays de destination, relativement aux autres émigrés et aux natifs.

Les émigrés maliens ont significativement moins de maîtrise en littératie et numératie que l'ensemble des immigrés des pays de l'OCDE

Selon les données du Programme pour l'évaluation internationale des compétences des adultes (PIAAC, voir Encadré 4.3), le niveau des émigrés maliens entre 16 et 65 ans dans les pays de l'OCDE en littératie et numératie était substantiellement inférieur à celui de l'ensemble des immigrés et de la population née dans les pays de l'OCDE, en 2012. Comme le montre le Graphique 4.2, les émigrés maliens obtenaient des scores tout juste au-dessus de la moyenne avec 179 sur 300 en littératie et 163 sur 300 en numératie. Ces scores étaient significativement inférieurs à la moyenne des scores de de la population native et immigrée de 72 à 110 points selon le pays de naissance et l'exercice. De même, les émigrés originaires des pays de l'UEMOA présentaient des scores aux exercices de littératie et de numératie significativement plus élevés que ceux des émigrés maliens (+37 et 44 points en littératie et numératie respectivement). Les émigrés maliens avaient un niveau relativement plus faible en numératie ; l'écart avec le score moyen obtenu en littératie était plus large que celui des autres émigrés et des natifs.

Graphique 4.2. Scores de littératie et numératie des 16 ans et plus selon leur pays de naissance dans les pays de l'OCDE, 2012

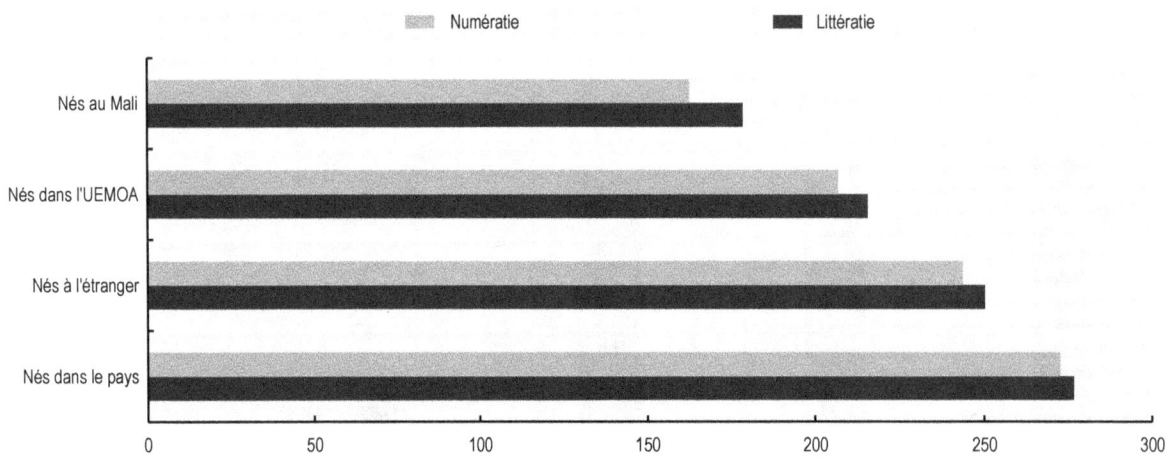

Note : La population participant aux exercices de littératie et numératie est âgée entre 16 et 65 ans.
Source : Évaluation des compétences des adultes de l'OCDE (PIAAC) 2012.

Parmi les émigrés maliens, les hommes et les femmes présentaient des niveaux similaires en littératie. Il existait toutefois un écart important entre les scores moyens des hommes et des femmes en numératie : celui des femmes émigrées maliennes était inférieur de 23 points à celui de leurs homologues masculins. Cette différence de scores selon le genre en numératie se retrouvait aussi parmi l'ensemble des immigrés et des natifs de l'OCDE. Cependant, les femmes nées dans l'UEMOA avaient des compétences en numératie plus élevées que les hommes.

> ### Encadré 4.3. L'enquête PIAAC et l'évaluation des compétences
>
> **Programme international de l'OCDE pour l'évaluation des compétences des adultes (PIAAC)**
>
> Le Programme International de l'OCDE pour l'évaluation des compétences des adultes (PIAAC) est une étude internationale dont le but est d'évaluer les compétences des individus en âge de 16 à 65 ans (OCDE, 2012[5]). Ces derniers répondent à des exercices visant à mesurer leur niveau de compétences de bases nécessaires à la participation à la vie sociale et économique des pays de l'OCDE. Les compétences testées comprennent la lecture, l'écriture, le calcul et la résolution de problèmes dans un environnement à forte composante technologique. En complément, un questionnaire porte sur la manière dont les adultes utilisent leurs compétences à la maison et au travail. En 2011/12, l'enquête a été menée simultanément dans 24 pays, dont la plupart sont membres de l'OCDE. En Belgique, seule la Flandre est couverte, et au Royaume-Uni, uniquement l'Angleterre et l'Irlande du Nord. Sa mise en œuvre a été confiée à sept instituts de recherche et les échantillons comptaient 5 000 personnes dans la plupart des pays participants. Il convient toutefois de noter que les données peuvent comporter des marges d'erreur non négligeables en raison de la faible taille du sous-échantillon des émigrés maliens.
>
> **La littératie**
>
> La littératie est la capacité à comprendre et à utiliser l'information contenue dans des textes écrits dans divers contextes pour atteindre des objectifs et pour développer des connaissances et des aptitudes. Il s'agit d'une exigence de base pour développer des compétences de plus haut niveau et pour atteindre des résultats positifs en termes économiques et sociaux. Des études antérieures ont montré que la compréhension de l'écrit est étroitement liée à des résultats satisfaisants dans le cadre du travail, à la participation sociale, et à l'apprentissage tout au long de la vie. Contrairement aux évaluations précédentes de la littératie, celle-ci évalue la capacité des adultes à lire des textes numériques (par exemple des textes contenant de l'hypertexte et des fonctions de navigation, telles que le défilement ou en cliquant sur des liens) ainsi que des textes imprimés traditionnels.
>
> **La numératie**
>
> La numératie est la capacité à utiliser, appliquer, interpréter et communiquer des informations et des idées mathématiques. Il s'agit d'une compétence essentielle à une époque où les individus rencontrent, de plus en plus souvent, un large éventail d'informations quantitatives et mathématiques dans leur vie quotidienne. La numératie est une compétence parallèle à la compréhension de l'écrit, et il est important d'évaluer comment ces compétences interagissent car elles sont réparties différemment selon les sous-groupes de la population.

La maîtrise de la langue du pays de destination est une autre dimension essentielle pour l'intégration économique et sociale des immigrés dans leur pays de destination. Cela facilite l'intégration sur le marché du marché du travail local, l'accès à l'information et leur permet de connaître et faire valoir leurs droits comme celui à la naturalisation. Cependant, parler la langue du pays de destination est souvent une des raisons du choix du pays de destination et généralement une condition à l'obtention d'un titre de séjour notamment quand elle se fait dans le cadre d'une installation pour raisons professionnelles. Ainsi, il est relativement peu étonnant que les émigrés parlent couramment la langue du pays de destination et cela d'autant plus qu'ils sont dans le pays depuis longtemps.

En France, premier pays de destination de l'OCDE des émigrés maliens, il est entendu que le français ne constitue qu'une barrière limitée à l'intégration des individus nés au Mali, dont la langue officielle est le français. Bien que ce ne soit pas la langue la plus parlée au Mali, les émigrés maliens bénéficient d'un avantage de ce point de vue relativement aux immigrés venus de pays non francophones. Cela va de même pour les autres pays francophones de l'OCDE.

D'après l'enquête *Intégration scolaire et sociale des immigrés de deuxième génération* réalisée en 2015 auprès des élèves de collège et de lycée d'Italie, les élèves nés au Mali ont une maîtrise de la langue quasiment similaire à celle de l'ensemble des élèves nés à l'étranger. En effet, la moitié des élèves nés au Mali affirment très bien parler et lire l'italien, un taux marginalement inférieur à celui de l'ensemble des élèves nés à l'étranger. Par ailleurs, près de 60 % des élèves nés au Mali indiquent savoir très bien écrire contre 42 % de l'ensemble des élèves nés à l'étranger. À titre de comparaison, les élèves émigrés maliens ont une maîtrise de la langue italienne substantiellement meilleure que celle des émigrés ivoiriens et sénégalais.

Acquisition de la nationalité des émigrés maliens dans les pays de l'OCDE

L'acquisition de la nationalité est un déterminant de l'intégration civique et donc de l'intégration sociale dans la mesure où elle permet aux immigrés de participer aux décisions politiques notamment au travers du vote et ainsi bénéficier des mêmes droits que l'ensemble des citoyens (OCDE/Union européenne, 2019[4]). La démarche de demander la nationalité du pays de destination traduit aussi une volonté des émigrés de faire davantage porter leur voix dans la vie citoyenne et politique de la société d'accueil. Les modalités d'obtention de la nationalité diffèrent selon les pays. Un des critères primordiaux d'acquisition de la nationalité est la durée de séjour des immigrés dans le pays d'accueil. Dans le cas de la France, premier pays de destination des émigrés maliens dans l'OCDE, pour les personnes nées à l'étranger et dont aucun parent n'est français, la nationalité peut être obtenue par déclaration[1] ou par naturalisation. La déclaration de nationalité concerne principalement les conjoints de Français, toujours sous condition de durée de résidence en France, entre autres. La naturalisation concerne les étrangers résidant en France depuis au moins cinq ans, sous condition notamment d'une connaissance suffisante de la langue française et d'une bonne insertion professionnelle.

La grande majorité des émigrés maliens n'ont pas la nationalité de leur pays d'accueil

Entre 2000 et 2019, le nombre annuel d'acquisitions de la nationalité des pays de l'OCDE par les émigrés maliens a été multiplié par plus de six, passant de 770 naturalisations en 2000 à près de 4 900 en 2019, selon la *Base de données de l'OCDE sur les migrations internationales*. Cependant, comme le montre le Graphique 4.3, la très grande majorité des acquisitions de nationalité par les émigrés maliens concerne les acquisitions de la nationalité française (plus de 80 % en moyenne). La part des naturalisations françaises sur l'ensemble des naturalisations dans les pays de l'OCDE est restée exceptionnellement stable durant ces deux décennies, l'augmentation des naturalisations des émigrés maliens en France a donc suivi cette évolution générale positive.

Les États-Unis et l'Espagne sont les deux pays délivrant le plus souvent la nationalité aux émigrés maliens après la France. Ils représentent à eux deux 15 % des naturalisations en 2019. À partir de 2013, le nombre d'acquisitions de la nationalité a espagnole a sensiblement augmenté, passant de 130 en 2012 à 450 l'année suivante, dépassant ainsi le nombre de naturalisations américaines avant d'être de nouveau rattrapé. Les acquisitions de la nationalité américaine ont augmenté de façon régulière passant d'environ 200 en 2010 à près de 500 en 2019. A titre de comparaison, le nombre d'acquisitions de la nationalité italienne est resté relativement faible au cours de la dernière décennie et ne représente que 1 % des naturalisations des émigrés maliens dans l'OCDE.

Graphique 4.3. Acquisitions annuelles de la nationalité des principaux pays de destination de l'OCDE par les émigrés maliens, 2000/2019

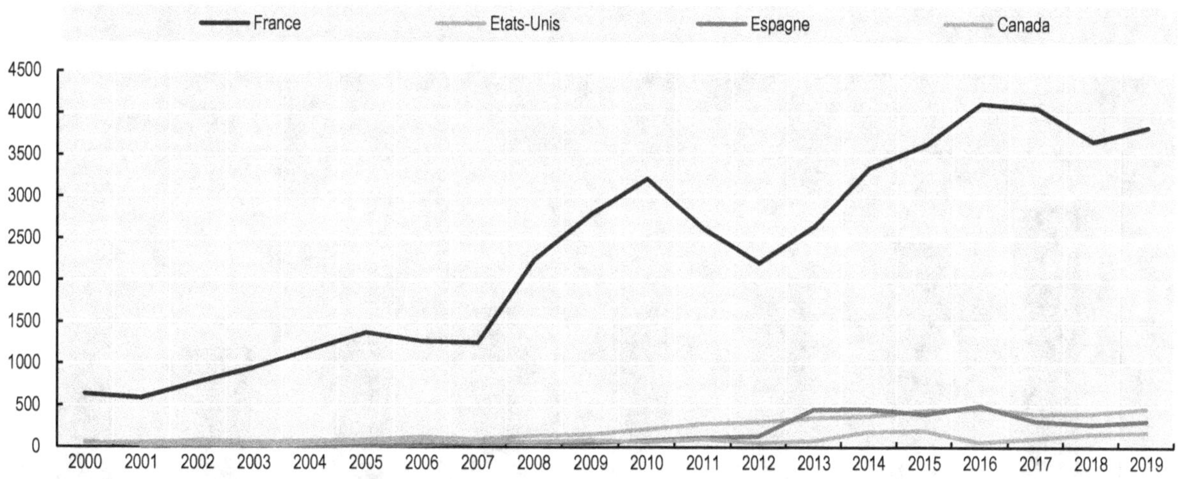

Source : Base de données sur les migrations internationales de l'OCDE, 2020.

Ainsi, 33 % des émigrés maliens résidant dans les pays de l'OCDE avaient la nationalité de leur pays d'accueil en 2015/2016. Comme le montre le Graphique 4.4, cela correspond au taux de naturalisation des émigrés le plus faible parmi les pays de l'UEMOA. En moyenne, 40 % des émigrés originaires de cette zone avaient la nationalité de leur pays de destination en 2015/2016. Si le taux d'acquisition de nationalité parmi les émigrés maliens est proche du taux pour les émigrés sénégalais (-2 points de pourcentage), il est substantiellement plus faible que celui pour les émigrés togolais, dont le taux de naturalisés atteint 60 % des 15 ans et plus. De façon plus globale, 50 % de l'ensemble des immigrés dans les pays de l'OCDE avaient la nationalité de leur pays d'accueil, soit 17 points de pourcentage de plus que les émigrés maliens.

Relativement peu d'émigrés maliens ont acquis la nationalité espagnole ou italienne

Bien que la proportion d'émigrés maliens détenant nationalité de leur pays d'accueil ne dépasse pas 50 % dans leurs principaux pays de destination de l'OCDE, elle varie tout de même de manière significative selon les pays (voir Graphique 4.5). Parmi leurs principaux pays de destination de l'OCDE, les émigrés maliens avaient le plus souvent acquis la nationalité canadienne et belge en 2015/2016. 47 et 43 % des émigrés maliens résidant au Canada et en Belgique respectivement détenaient la citoyenneté du pays d'accueil en 2015/2016. Cette part était d'environ 37 % aux États-Unis, 33 % en France et de près de 30 % en Suisse durant la même période. Dans la majeure partie de ces pays, ces taux d'obtention de la nationalité étaient similaires au taux observé pour l'ensemble des émigrés de l'UEMOA mais substantiellement inférieurs à ceux observés pour l'ensemble des immigrés des pays de l'OCDE exception faite de la Belgique. À titre d'exemples, au Canada, 70 % des immigrés avaient la nationalité en 2015/2016, aux États-Unis, ils étaient 54 % et 53 % en France.

Graphique 4.4. Émigrés de l'UEMOA avec la nationalité du pays de l'OCDE de destination selon le pays de naissance, 2015/16

% de la population

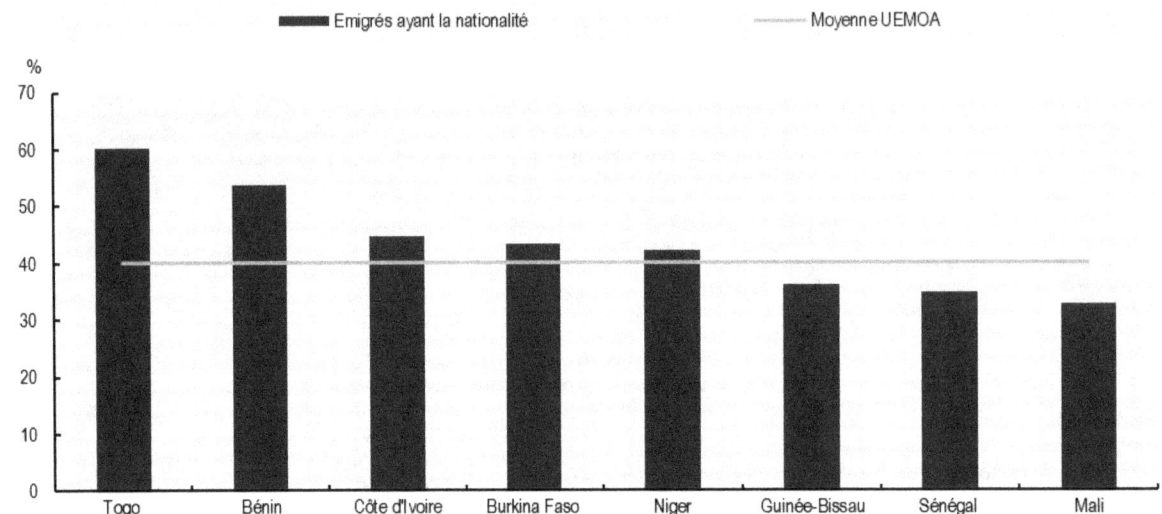

Source : Base de données sur les immigrés dans les pays de l'OCDE (DIOC) 2015/16.

Selon les données récentes du recensement en France, 26 % des émigrés maliens avaient la nationalité française en 2018/2019, reflétant la relative croissance des arrivées des émigrés maliens dans ces dernières années.

Alors que l'Espagne et l'Italie font partie des quatre premiers pays de destination de l'OCDE des émigrés maliens, seulement 6 % d'entre eux en Espagne et 8 % en Italie avaient la nationalité du pays d'accueil en 2015/2016. Selon les données du registre de la population en Espagne pour 2020, cette proportion est restée au même niveau que cinq ans auparavant, tandis que les données récentes de l'enquête emploi italienne indiquent que la proportion des émigrés maliens détenant la nationalité italienne a diminué en 2017/2020 pour atteindre 6 %. En comparaison, 30 % des immigrés en Espagne, et 27 % des immigrés en Italie avaient la nationalité. Toutefois, le taux d'émigrés maliens ayant la nationalité de ces deux pays d'accueil est similaire au taux observé pour l'ensemble des émigrés de l'UEMOA.

Les niveaux très hétérogènes d'acquisition de la nationalité s'expliquent au moins pour partie par les différences de législations nationales concernant l'obtention de la nationalité. Le caractère plus ou moins récent de l'immigration peut influer sur la part des émigrés maliens ayant la nationalité. En effet, si la durée de séjour est très souvent un des critères pour être naturalisé, les pays d'accueil adoptent des seuils plus ou moins contraignants. Par exemple, la naturalisation en Italie et en Espagne nécessite, en plus d'autres critères, d'avoir résidé de manière continue au moins dix ans dans le pays (en dehors d'une acquisition par mariage, descendance ou naissance). Aux États-Unis, au Canada et en France, la durée minimale avant de pouvoir effectuer une demande de naturalisation est de cinq ans, rendant la citoyenneté relativement plus accessible. Par ailleurs, en Espagne, le processus de naturalisation par résidence nécessite pour les Maliens de renoncer à leur nationalité d'origine, ce qui peut fortement les décourager à obtenir la nationalité espagnole.

Graphique 4.5. Émigrés maliens ayant acquis la nationalité des principaux pays de destination de l'OCDE, 2015/16

% de la population

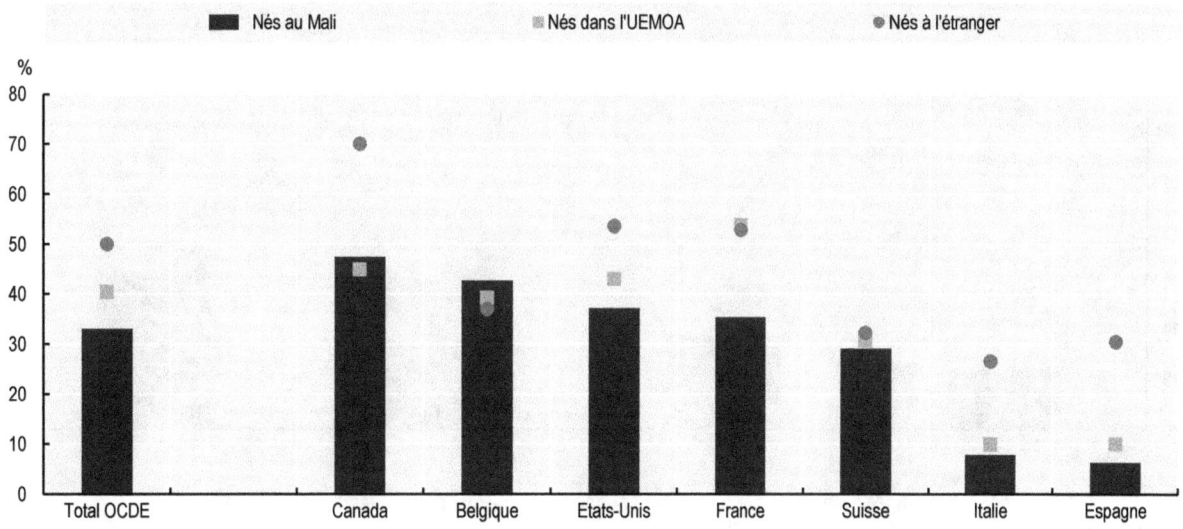

Source : Base de données sur les immigrés dans les pays de l'OCDE (DIOC) 2015/16.

La prévalence de l'immigration de personnes disposant déjà de la nationalité peut aussi expliquer certains écarts de taux de naturalisations selon le pays de destination. Dans certains pays, des émigrés maliens ayant la nationalité de leur pays de résidence ont pu l'obtenir à la naissance, notamment si l'un de leurs parents avaient cette nationalité. En France, parmi les personnes nées au Mali et françaises, 27 % le sont de naissance et 73 % le sont donc devenues par naturalisation.

Pour la France, la proportion relativement élevée d'émigrés maliens ayant la nationalité française peut également s'expliquer par le fait que la France offre un accès particulier à la nationalité aux immigrés originaires d'un pays dont le français est la langue officielle (Migration Policy Group/France Terre d'Asile, 2013[6]).

Comme présenté dans le Graphique 4.6, la proportion d'émigrés maliens ayant acquis la nationalité augmente fortement au-delà de 10 ans de séjour en France passant de 19 % parmi les Maliens présents entre cinq et dix ans à 33 % parmi les émigrés installés en France entre dix et 20 ans. 12 % de ceux arrivés il y a moins de cinq ans ont acquis la nationalité française. Ce dernier résultat est similaire à celui observé pour l'ensemble des émigrés de l'UEMOA et plus généralement pour l'ensemble des émigrés. Si ces écarts restent nuls ou presque pour les individus arrivés en France entre cinq et dix ans, ils se creusent au-delà. Les émigrés de l'UEMOA sont 37 % à avoir acquis la nationalité au bout de dix ans de résidence, soit 10 points de pourcentage de moins que l'ensemble des immigrés en France mais déjà 4 points de pourcentage de plus que les émigrés maliens. Après 20 ans de résidence en France, les écarts sont encore plus marqués entre les émigrés maliens d'une part et l'ensemble des individus nés à l'étranger, dans l'UEMOA ou non, d'autre part. Plus de la moitié des immigrés en France sont naturalisés (61 % dans l'ensemble, 56 % pour les émigrés de l'UEMOA) ; cela correspond à une différence de près de 20 points de pourcentage avec le taux de naturalisés nés au Mali.

Graphique 4.6. Émigrés maliens ayant acquis la nationalité française selon la durée de séjour, 2018/19

% de la population

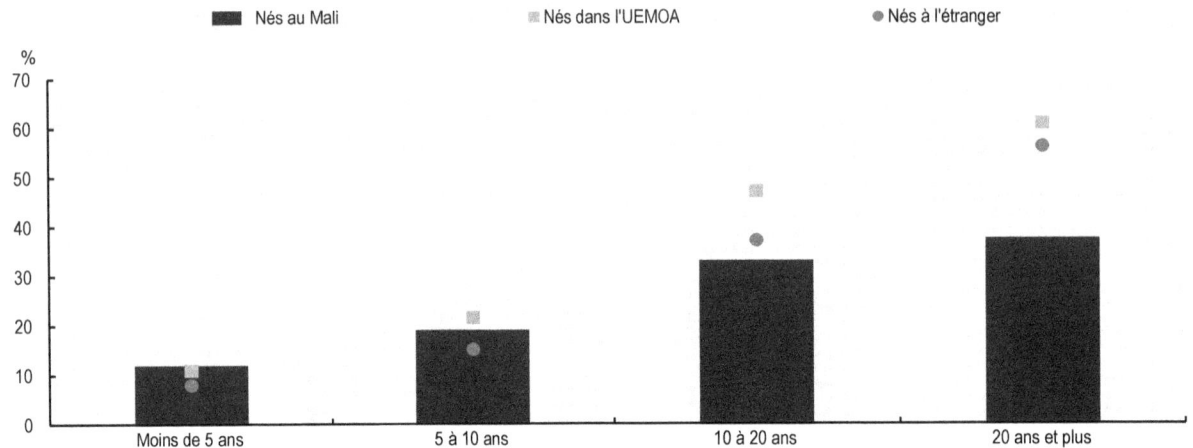

Note : Les personnes nées à l'étranger ayant acquis la nationalité par naissance ne sont pas inclues dans l'analyse.
Source : Recensement de la population en France de l'Insee 2018/2019.

L'accès à la nationalité du pays d'accueil par les émigrés maliens peut aussi varier en fonction de leurs caractéristiques sociodémographiques. Les femmes acquièrent plus souvent la nationalité française que les hommes, en 2018/19, indifféremment de leur temps passé sur le territoire français, elles sont 33 % à avoir la nationalité française contre 22 % des hommes nés au Mali. Toutefois, comme le montre le Graphique 4.7, les écarts sont plutôt marginaux pour les émigrés maliens en France depuis au plus 20 ans, ne dépassant pas 3 points de pourcentage pour les résidents présents depuis cinq à 20 ans. Cet écart est davantage significatif pour les individus nés au Mali présents en France depuis plus de 20 ans. Le taux des femmes nées au Mali de nationalité française est supérieur de 9 points de pourcentage (43 %) à celui des hommes émigrés maliens. La plus grande prévalence de l'acquisition de la nationalité chez les femmes pourrait notamment s'expliquer par le fait que les femmes maliennes émigrent plus souvent pour des raisons familiales (voir Chapitre 1) venant ainsi rejoindre un conjoint déjà citoyen du pays de destination ou ayant des chances de le devenir.

Le niveau d'éducation des émigrés est un autre facteur déterminant de l'accès à la nationalité de leur pays d'accueil. Comme noté plus haut, au-delà des contraintes liées à la durée de résidence, les procédures d'acquisition de la nationalité par les émigrés requièrent un niveau minimal de connaissance de la langue, de la culture, de l'histoire et des institutions du pays d'accueil, ainsi que de ressources financières, généralement associées à un niveau d'éducation intermédiaire ou supérieur. En France, les émigrés maliens possédant un niveau d'éducation supérieur ou intermédiaire acquièrent plus souvent la nationalité que les émigrés maliens faiblement éduqués (Graphique 4.7) : 35 % de ceux ayant suivi un enseignement supérieur ont acquis la nationalité française contre 20 % des émigrés maliens faiblement éduqués en 2018/2019. La proportion d'émigrés maliens ayant acquis la nationalité française augmente à mesure que le temps passé depuis l'arrivée dans le pays de destination s'allonge, quel que soit leur niveau d'éducation. Cette augmentation est d'autant plus forte que les émigrés maliens ont un niveau d'étude élevé. Ainsi, parmi les émigrés présents en France depuis plus de dix ans mais moins de 20 ans, 47 % des diplômés du supérieur et près de 40 % des émigrés ayant un niveau d'éducation intermédiaire ont acquis la nationalité française, contre seulement 23 % des émigrés maliens faiblement éduqués. De la même façon, ces taux dépassent 60 % pour les émigrés présents depuis plus de 20 ans en France (67 % pour les hautement qualifiés) alors qu'ils restent relativement stables pour les émigrés maliens faiblement éduqués.

Toutefois, parmi les émigrés maliens arrivés depuis moins de dix ans, le niveau d'éducation ne semble pas favoriser l'acquisition de la nationalité.

Graphique 4.7. Émigrés maliens ayant acquis la nationalité française selon la durée de séjour, le genre (à gauche) et le niveau d'éducation (à droite), 2018/19

% de la population

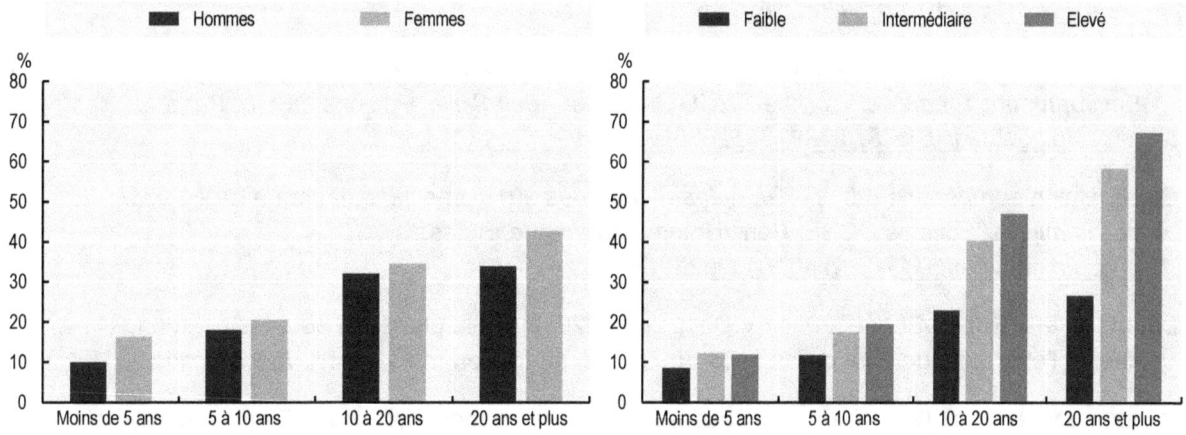

Note : Les données n'incluent pas les personnes ayant acquis la nationalité par naissance.
Source : Recensement de la Population en France de l'Insee 2018/19.

Conclusion

L'intégration sociale des émigrés maliens est relativement hétérogène cachant des inégalités notables selon leurs caractéristiques sociodémographiques mais aussi selon le pays de destination. De façon générale, les émigrés maliens réussissent significativement moins bien aux évaluations de compétences en littératie et numératie que les émigrés d'autres pays résidant dans les pays de l'OCDE. Cependant, cela ne se traduit pas par une moins bonne maîtrise de l'italien par les élèves nés au Mali. Effectivement, ces derniers s'en sortent aussi bien que les autres élèves nés à l'étranger. Cette intégration passe aussi par l'acquisition de la nationalité du pays d'accueil, constituant, entre autres, une étape nécessaire à la participation électorale. Ainsi, le nombre de naturalisations d'émigrés maliens a continuellement augmenté depuis le début des années 2000 parallèlement à l'augmentation des flux d'émigrés maliens. Malgré la diversification des pays de destination, ces naturalisations concernent quasi-exclusivement les naturalisations en France. L'acquisition de la nationalité dépend de plusieurs facteurs, le plus évident est le temps passé depuis l'arrivée dans le pays de destination. Le niveau d'éducation des émigrés facilite aussi l'acquisition de la nationalité. Les femmes obtiennent généralement plus souvent la nationalité que les hommes en France.

Références

Migration Policy Group/France Terre d'Asile (2013), *L'accès à la nationalité et son impact sur l'intégration des immigrés. Manuel pour la France*, Migration Policy Group. [6]

OCDE (2020), « What is the impact of the COVID-19 pandemic on immigrants and their children? », *OECD Policy Responses to Coronavirus (COVID-19)*, Éditions OCDE, Paris, https://dx.doi.org/10.1787/e7cbb7de-en. [1]

OCDE (2012), *Literacy, Numeracy and Problem Solving in Technology-Rich Environments: Framework for the OECD Survey of Adult Skills*, Éditions OCDE, Paris, https://dx.doi.org/10.1787/9789264128859-en. [5]

OCDE/Union européenne (2019), *Trouver ses marques 2018: Les indicateurs de l'intégration des immigrés*, Éditions OCDE, Paris/Union européenne, Brussels, https://dx.doi.org/10.1787/9789264309234-fr. [4]

Papon, S. et I. Robert-Bobée (2021), « Décès en 2020 : hausse plus forte pour les personnes nées à l'étranger que pour celles nées en France, surtout en mars-avril », *Insee Focus* 231. [3]

Vanthomme, K. et al. (2021), « A population-based study on mortality among Belgian immigrants during the first COVID-19 wave in Belgium. Can demographic and socioeconomic indicators explain differential mortality? », *SSM - Population Health*, vol. 14, p. 100797, https://doi.org/10.1016/j.ssmph.2021.100797. [2]

Notes

[1] La demande de la nationalité française par déclaration concerne les individus se mariant avec une personne de nationalité française, ou à raison de qualité d'ascendant de Français (incluant les grands-parents) ou de frère ou sœur de Français. Si un des parents est de nationalité française, l'enfant est français de naissance indépendamment de son lieu de naissance.

5 Les liens entre le Mali et sa diaspora : contributions économiques et migrations de retour

Ce chapitre analyse dans un premier temps les contributions économiques des émigrés maliens à l'étranger, notamment au travers des transferts de fonds qu'ils effectuent. Ce chapitre examine ensuite les migrations de retour des émigrés maliens et leur situation sur le marché du travail par rapport aux non-migrants. Enfin, il discute également la contribution des migrants de retour en matière de transferts de normes politiques et sociales au Mali.

En bref

Principaux résultats

- Les transferts de fonds des émigrés maliens se sont élevés à 1 milliard USD en 2019 ; ils ont été multipliés par 3.8 depuis 2005.
- Les estimations pour 2020 font état d'une baisse des transferts de 5 % par rapport à 2019, du fait de l'impact de la pandémie de COVID-19 sur les flux migratoires et sur l'emploi des émigrés maliens.
- Le ratio entre les transferts de fonds et le PIB est passé de 2.8 % à 5.8 % entre 2005 et 2019/20 ; il a toutefois légèrement diminué ces dernières années. Cette augmentation peut refléter une réelle croissance du poids des transferts dans l'économie, mais elle également leur formalisation progressive.
- Près d'un quart des transferts de fonds reçus par le Mali proviennent d'autres pays de l'UEMOA – principalement de Côte d'Ivoire et du Sénégal – tandis que près de la moitié proviennent de la zone euro – principalement de France et d'Espagne.
- Seuls 7 % des ménages maliens reçoivent des transferts depuis l'étranger. Cette part est toutefois beaucoup plus élevée parmi les ménages dont au moins un membre réside à l'étranger : plus de la moitié d'entre eux reçoit des transferts. Pour les ménages recevant des transferts, cette ressource représente en moyenne 30 % de leur revenu total.
- Plusieurs travaux académiques ont mis en évidence le rôle des transferts de fonds des migrants pour les ménages qui les reçoivent au Mali. Les transferts de fonds assurent une fonction d'assurance, ils contribuent à réduire la pauvreté et permettent d'atténuer les chocs négatifs affectant la sécurité alimentaire des ménages.
- En 2009, on comptabilisait environ 259 000 migrants de retour au Mali, soit 1.8 % de la population. Cette proportion était de près de 3 % en 2016.
- La proportion de migrants de retour varie fortement selon le genre et l'âge. En 2009, la part des migrants de retour était ainsi de 2.7 % parmi les hommes et de 1 % parmi les femmes. Parmi les hommes nés au Mali âgés de 45 ans et plus, près de 10 % faisaient état d'une expérience migratoire à l'étranger.
- La distribution régionale des migrants de retour reflète globalement la distribution de la population, mais ils sont surreprésentés dans les régions de Kayes et Sikasso, et largement sous-représentés dans le Nord du pays.
- Environ 60 % des migrants de retour vivant au Mali reviennent de Côte d'Ivoire. Les autres principaux pays où les migrants de retour ont vécu sont le Sénégal, le Burkina Faso et la France.
- Les migrants de retour revenant de Côte d'Ivoire ont en moyenne un niveau d'éducation inférieur à celui de la population malienne, alors que ceux revenant de France ont beaucoup plus souvent terminé leurs études secondaires.
- Dans l'ensemble, les migrants de retour ne semblent pas pénalisés sur le marché du travail malien : en 2016, parmi les hommes, le taux d'emploi des migrants de retour était de 77 % alors qu'il était de 71 % pour les non-migrants. Ils sont toutefois plus souvent travailleurs indépendants que les non-migrants.

- Parmi les migrants de retour vivant à Bamako, un écart conséquent de revenus du travail a pu être mis en évidence entre ceux qui avaient vécu dans un pays de l'OCDE et ceux qui avaient vécu en Afrique de l'Ouest, au détriment de ces derniers.
- Plusieurs travaux récents ont examiné la contribution des migrants de retour en matière de transferts de normes politiques et sociales au Mali. Par exemple, les migrants de retour influencent positivement la participation électorale et contribuent à réduire la prévalence des mutilations génitales féminines.

Les transferts de fonds des émigrés maliens

Les transferts de fonds envoyés par les émigrés maliens vers leur pays d'origine, tels que mesurés au travers des données de balance des paiements publiées par le Fonds monétaire international (FMI), s'élevaient en 2019 à environ 1 milliard USD.[1]

Mesurés en dollars constants, ces transferts ont été multipliés par 3.8 entre 2005 et 2019. Les estimations disponibles pour 2020 font toutefois état d'une baisse de 5 % par rapport à l'année précédente, qui peut s'expliquer, dans le contexte de la pandémie de COVID-19, par la diminution conjointe des flux d'émigration depuis le Mali et par la baisse des revenus des émigrés maliens dans le monde (EMN/OCDE, 2020[1]).

Le montant des transferts effectués par les émigrés maliens peut être utilement comparé au PIB du Mali, qui était de 17 milliards USD en 2019. Comme le montre le Graphique 5.1, le ratio entre les transferts de fonds et le PIB est passé de 2.8 % à 5.8 % entre 2005 et 2019/20 ; il a toutefois légèrement diminué ces dernières années. Cette augmentation peut refléter une réelle croissance du poids des transferts effectués par les émigrés maliens dans l'économie du pays, mais elle peut également s'expliquer par une formalisation progressive des transferts qui conduit à une meilleure couverture des transferts réels par les statistiques de balance des paiements.

Graphique 5.1. Transferts de fonds, aide publique au développement et investissements directs reçus par le Mali, 2005-20

En pourcentage du PIB

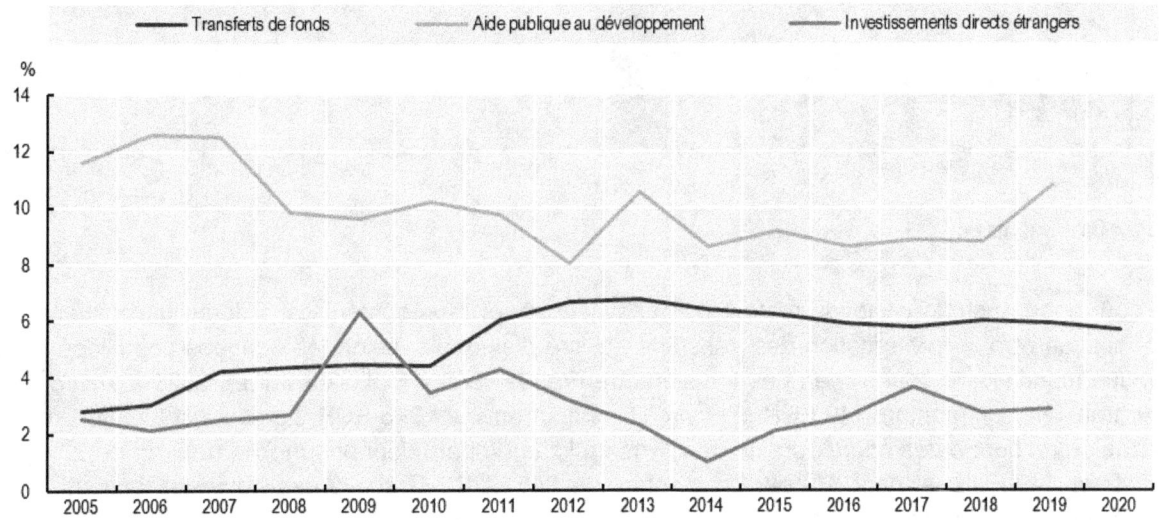

Source : Banque mondiale.

Il est également intéressant de comparer les transferts de fonds des migrants aux autres flux financiers reçus par le Mali (Graphique 5.1). En 2019, le montant d'aide publique au développement reçue par le Mali était de 1.8 milliard USD, tandis que les flux nets d'investissements directs étrangers au Mali s'élevaient à un peu moins de 500 millions USD. Les transferts de fonds des migrants représentent donc une ressource financière très significative pour l'économie malienne.

Les estimations publiées par la Banque Centrale des États d'Afrique de l'Ouest (BCEAO) indiquent que sur l'ensemble des envois de fonds des migrants reçus par le Mali en 2019, près de 23 % provenaient d'autres pays de l'UEMOA – principalement de Côte d'Ivoire et du Sénégal – tandis que 46 % provenaient de pays de la zone euro – principalement de France et d'Espagne. Hors UEMOA et zone euro, les principaux pays émetteurs de transferts fonds vers le Mali étaient la République du Congo, le Gabon et les États-Unis (BCEAO, 2019[2]).

Par rapport aux autres pays de l'UEMOA, le Mali se trouve, comme le Togo, dans une position intermédiaire du point de vue du poids des transferts de fonds dans l'économie : au Sénégal et en Guinée Bissau, le ratio entre les transferts de fonds et le PIB est nettement plus important (respectivement 10 % et plus de 8 %), tandis qu'il est nettement plus faible au Burkina Faso, au Niger, au Bénin et en Côte d'Ivoire (moins de 3 % pour tous ces pays) (Graphique 5.2). Comparé aux autres pays africains, le ratio entre les transferts de fonds et le PIB au Mali est relativement élevé, puisque plus de 30 pays du continent ont un ratio inférieur.

Graphique 5.2. Transferts de fonds reçus par le Mali et les autres pays de l'UEMOA, 2020

En pourcentage du PIB

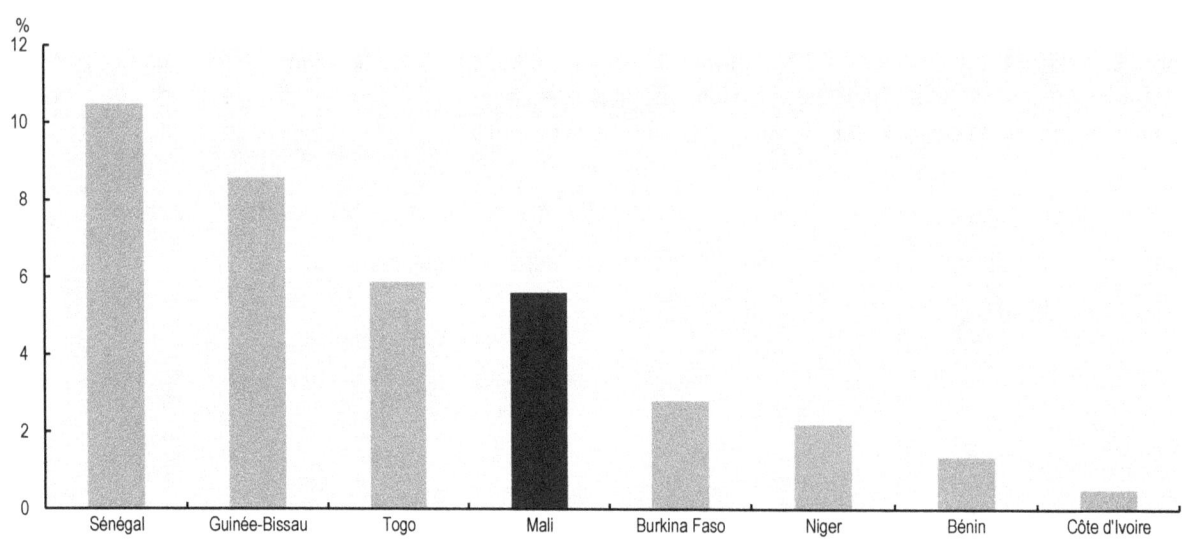

Source : Banque mondiale.

Le coût des transferts de fonds restent non négligeables et représentent sans doute un obstacle à la mobilisation et à la formalisation des transferts : à titre d'exemple, selon les données compilées par la Banque mondiale, le coût moyen des transferts de France vers le Mali s'élevait en 2021 à environ 4 % pour transférer un montant 140 EUR et environ 3 % pour envoyer 345 EUR. Le coût est toutefois minoré en cas de recours à des opérateurs de transferts en ligne ou par téléphone mobile (à partir de 2 % pour transférer 140 EUR, et de 1 % pour un montant de 345 EUR). Grâce à ces nouvelles options moins onéreuses, le coût moyen des transferts a sensiblement diminué ces dernières années. En 2016, le coût moyen pour le transfert de 140 EUR de France vers le Mali était ainsi supérieur à 5 %.

Bien que les montants globaux des transferts soient importants, les fonds envoyés par les émigrés maliens ne concernent qu'une minorité de ménages récipiendaires au Mali : selon les données de l'EMOP 2016, environ 150 000 ménages recevaient des transferts depuis l'étranger, soit 7 % des ménages maliens. Cette part est logiquement bien plus élevée parmi les ménages dont au moins un membre réside à l'étranger, puisque plus de la moitié de ces ménages recevaient des transferts en 2016 (54 %). Cette proportion est également plus élevée que la moyenne parmi les ménages ayant au moins un membre né à l'étranger ou migrant de retour (16-17 %). Pour les ménages recevant des transferts, cette ressource représente en moyenne près de 30 % du revenu total du ménage, avec toutefois des différences très marquées selon la provenance des transferts : alors que cette part des transferts dans le revenu du ménage atteint 50 % pour les ménages recevant de l'argent en provenance d'un pays européen, elle est inférieure à 10 % pour ceux recevant des transferts depuis la Côte d'Ivoire.

Plusieurs travaux académiques ont mis en évidence le rôle important des transferts de fonds des migrants pour les ménages qui les reçoivent au Mali. Comme le montre Gubert (2002[3]) dans le cas des migrants originaires de la région de Kayes, les transferts de fonds assurent une fonction d'assurance des ménages d'origine dans un contexte où les marchés du crédit et de l'assurance sont faiblement développés. Une analyse de l'impact des transferts de fonds sur la pauvreté et les inégalités au Mali a montré que les transferts étaient responsables en 2006 d'une réduction du taux de pauvreté d'environ 2.5 points de pourcentage, correspondant à environ 300 000 personnes sorties de la pauvreté (sur 13.2 millions d'habitants à cette époque) (Gubert, Lassourd et Mesplé-Somps, 2010[4]). Les transferts de fonds des migrants jouent donc de ce point de vue un rôle modeste mais non négligeable. Le rôle des transferts de fonds pour atténuer les chocs négatifs affectant la sécurité alimentaire des ménages a également été mis en évidence (Generoso, 2015[5]).

Les migrations de retour vers le Mali

Selon les données de l'enquête mondiale Gallup, parmi les émigrés maliens vivant à l'étranger interrogés au cours des années 2009-20, environ 40 % indiquaient avoir l'intention de quitter leur pays de résidence, sans différence significative entre hommes et femmes. Parmi ces émigrés ayant l'intention de repartir, seulement 20 % prévoyaient de le faire dans un délai de 12 mois, ce qui implique une probabilité de réalisation plus élevée qu'une intention générale, soit moins de 5 % de l'ensemble des émigrés maliens.

Il n'existe pas de données permettant d'évaluer le nombre de Maliens revenant effectivement dans leur pays d'origine chaque année. On peut toutefois estimer l'ampleur du phénomène grâce aux données du recensement malien au travers de l'information sur un éventuel pays de résidence antérieur des personnes nées au Mali. Lors du recensement de 2009, qui est le plus récent à ce jour[2], on comptabilisait environ 259 000 migrants de retour, ou 1.8 % de la population. Le recensement de 1998 faisait était de 195 000 migrants de retour, soit presque 2 % de la population. Les données les plus récentes permettant d'évaluer la population des migrants de retour sont celles de l'Enquête modulaire et permanente auprès des ménages (EMOP) de 2016. Cette enquête faisait état d'environ 520 000 migrants de retour, soit près de 3 % de la population. Le nombre de migrants de retour au Mali a fortement augmenté au cours des deux dernières décennies et leur part dans la population a semble-t-il augmenté de façon marquée au cours de la dernière décennie.

La proportion de migrants de retour varie fortement selon le genre et l'âge (Graphique 5.3). Selon les données du recensement de 2009, la part des migrants de retour parmi les personnes nées au Mali était ainsi de 2.7 % parmi les hommes et de 1 % parmi les femmes, cette différence étant nettement moins marquée parmi les jeunes. La proportion de migrants de retour était 2.8 fois plus élevée pour les hommes que pour les femmes parmi les 25-44 ans et ce ratio était respectivement de 3.5 pour les 45-64 ans et de 5 pour les personnes de 65 ans et plus. Dans ces deux derniers groupes d'âges, près de 10 % des hommes nés au Mali faisait état d'une expérience migratoire à l'étranger, reflétant le caractère plus masculin des migrations maliennes.

La distribution régionale des migrants de retour au Mali en 2009 reflétait globalement la distribution de la population : 82 % des migrants de retour vivaient en milieu rural, alors que c'était le cas de 78 % de l'ensemble des natifs résidant au Mali, et 10 % vivaient à Bamako (contre 12 % pour l'ensemble des natifs). Les migrants de retour étaient toutefois surreprésentés dans les régions de Kayes et Sikasso, et largement sous-représentés dans le Nord du pays (régions de Kidal, Gao et Tombouctou). Les migrants de retour représentaient ainsi 2.7 % de la population dans la région de Sikasso et 2.5 % dans la région de Kayes, alors qu'ils ne comptaient que pour 1 % dans les trois régions du Nord du Mali. Ainsi, en 2009, 46 % de l'ensemble des migrants de retour au Mali vivaient dans les régions de Sikasso et Kayes, alors que ces deux régions ne représentaient que 32 % de la population totale.

Graphique 5.3. Part des migrants de retour dans la population du Mali, par genre et groupe d'âge, 2009

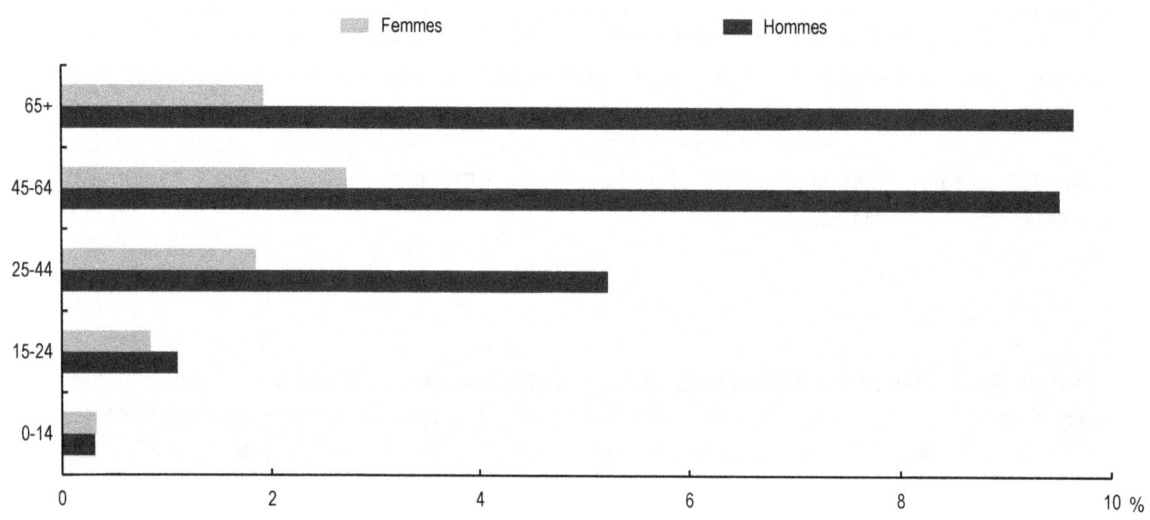

Source : Recensement du Mali, 2009.

En 2009, plus de la moitié des migrants de retour vivant au Mali revenait de Côte d'Ivoire (57 %). Les autres principaux pays où les migrants de retour avaient vécu étaient le Sénégal (6 %), le Burkina Faso (4.5 %), la France (4.5 %), la Mauritanie (3 %), le Gabon (2.5 %) et la Guinée (2.5 %). Au total, environ 7 % des migrants revenaient d'un pays européen. Les données de l'EMOP indiquent que la part des migrants de retour revenant de Côte d'Ivoire était de 65 % en 2016, suivie du Sénégal (5 %) et de la France (4 %).

La distribution des pays d'émigration est sensiblement différente selon le genre : en 2009, les parts de la Côte d'Ivoire, du Sénégal et de la France comme anciens pays de résidence était ainsi plus élevées pour les hommes que pour les femmes, qui étaient proportionnellement plus nombreuses à avoir vécu au Burkina Faso ou en Guinée.

Les différences selon le niveau d'éducation sont nettement plus marquées. Ainsi, alors que la proportion des personnes ayant au moins terminé leurs études secondaires parmi l'ensemble des natifs de 15 ans et plus était en 2009 de 3.8 %, elle était seulement de 1 % parmi ceux ayant vécu en Côte d'Ivoire. Cela reflète la sélection négative des émigrés maliens se rendant en Côte d'Ivoire. Plus de 90 % des migrants de retour de Côte d'Ivoire n'avaient pas terminé leurs études primaires, alors que cette proportion parmi tous les natifs était de 82 %. On retrouve une sélection négative légèrement atténuée pour les migrants de retour ayant vécu au Sénégal ou au Burkina Faso, avec une proportion de personnes ayant au moins achevé leurs études secondaires de moins de 3 %.

A l'inverse, parmi les migrants de retour ayant vécu en France, près de 10 % ont au moins terminé leurs études secondaires. Cette proportion est toutefois moindre que parmi les émigrés maliens de 15 ans et plus résidant en France. En 2015/16, en effet, près de 17 % d'entre eux avaient un niveau d'éducation supérieur. Il y a donc une très forte sélection positive à l'émigration vers la France du point de vue du niveau d'éducation, mais une sélection négative à la migration de retour vers le Mali : parmi les émigrés maliens vivant en France, ce sont apparemment les moins éduqués qui reviennent au Mali. Il convient toutefois de nuancer ce diagnostic qui peut s'expliquer en partie par des différences de générations, les Maliens de retour de France étant en moyenne plus âgés que ceux qui y résident. Ainsi, parmi les migrants de retour plus jeunes, revenus de France avant l'âge de la retraite (15-49 ans), la part de ceux ayant achevé leurs études secondaires était de 12.5 % en 2009. Cette correction sommaire par l'âge minore donc quelque peu la sélection négative des migrants de retour revenant de France.

Dans l'ensemble, les migrants de retour ne semblent pas pénalisés sur le marché du travail malien. En 2016, parmi les hommes, le taux d'emploi des migrants de retour était de 77 % alors qu'il était de 71 % pour les non-migrants (on retrouve un différentiel similaire en 2009 en se basant sur les données du recensement malien). Les migrants de retour de Côte d'Ivoire sont ceux qui parviennent le mieux à trouver un emploi à leur retour (avec un taux d'emploi de 82 % parmi les hommes). Les migrants de retour vivant en milieu rural sont plus souvent employés dans le secteur agricole que les non-migrants : alors que près de 20 % des non-migrants vivant en milieu rural ont un emploi non-agricole, cette proportion n'est que de 10 % pour les migrants de retour. Ils sont également plus souvent travailleurs indépendants, ce qui peut rendre leurs revenus plus aléatoires. En milieu urbain, on retrouve aussi une plus grande proportion de travailleurs indépendants parmi les migrants de retour que parmi les non-migrants : plus de 80 % des migrants de retour sont indépendants, alors que ce n'est le cas que de 56 % des non-migrants. Cet écart est toutefois moindre à Bamako (70 % contre 60 %). Dans les villes, où la grande majorité de l'emploi est dans le secteur informel, les migrants de retour y sont à peu près aussi souvent employés que les non-migrants (88 % pour les migrants de retour, contre 90 % pour les non-migrants).

Pour ce qui concerne les migrants de retour vivant à Bamako, une enquête plus ancienne (2001-02) a mis en évidence un écart conséquent de revenus du travail entre ceux qui avaient vécu dans un pays de l'OCDE et ceux qui avaient vécu dans d'autres pays (essentiellement en Afrique de l'Ouest), au détriment de ces derniers. Alors que les revenus des migrants de retour d'Afrique de l'Ouest étaient peu différents de ceux des non-migrants, les migrants de retour d'un pays de l'OCDE avaient en moyenne des revenus du travail deux fois plus élevés (De Vreyer, Gubert et Robilliard, 2009[6]).

Au-delà de leur contribution au marché du travail, les migrants de retour peuvent également avoir une influence sociale non négligeable. Plusieurs travaux récents ont examiné la contribution des migrants de retour en matière de transferts de normes politiques et sociales au Mali. Par exemple, Chauvet et Mercier (2014[7]) ont analysé le lien entre les migrations de retour et les comportements électoraux au niveau local. Elles ont montré que les localités dans lesquelles le nombre de migrants de retour était le plus élevé avaient des taux de participation plus élevés aux élections municipales, ainsi qu'une concurrence électorale plus forte. Elles suggèrent que cet impact positif provient en partie d'une diffusion des normes politiques des migrants de retour vers les non-migrants vivant dans ces localités. Diabaté et Mesplé-Somps (2019[8]) ont étudié le lien entre la présence de migrants de retour au niveau local et la prévalence des mutilations génitales féminines. Ils ont montré que les migrants de retour ont une influence négative et significative sur ces pratiques et que les adultes résidant dans des localités où se trouvent des migrants de retour sont mieux informés sur les mutilations génitales féminines et plus souvent en faveur d'une législation.

Références

BCEAO (2019), *Balance des paiements et position extérieure globale, Mali 2019*, Banque Centrale des Etats de l'Afrique de l'Ouest. [2]

Chauvet, L. et M. Mercier (2014), « Do return migrants transfer political norms to their origin country? Evidence from Mali », *Journal of Comparative Economics*, vol. 42/3, pp. 630-651, https://doi.org/10.1016/J.JCE.2014.01.001. [7]

De Vreyer, P., F. Gubert et A. Robilliard (2009), « Return Migrants in Western Africa: Characteristics and Labour Market Performance », *DIAL Working Papers*, vol. 2009/06. [6]

Diabate, I. et S. Mesplé-Somps (2019), « Female genital mutilation and migration in Mali: do return migrants transfer social norms? », *Journal of Population Economics 2019 32:4*, vol. 32/4, pp. 1125-1170, https://doi.org/10.1007/S00148-019-00733-W. [8]

EMN/OCDE (2020), « Impact of COVID-19 on remittances in EU and OECD countries », *EMN-OCDE Inform*, http://www.oecd.org/migration/mig/EMN-OECD-Inform-01122020.pdf. [1]

Generoso, R. (2015), « How do rainfall variability, food security and remittances interact? The case of rural Mali », *Ecological Economics*, vol. 114, pp. 188-198, https://doi.org/10.1016/J.ECOLECON.2015.03.009. [5]

Gubert, F. (2002), « Do Migrants Insure Those who Stay Behind? Evidence from the Kayes Area (Western Mali) », *Oxford Development Studies*, vol. 30/3, pp. 267-287, https://doi.org/10.1080/1360081022000012699. [3]

Gubert, F., T. Lassourd et S. Mesplé-Somps (2010), « Do remittances affect poverty and inequality? Evidence from Mali », *G-Mond Working Paper*, vol. 13. [4]

Notes

[1] Selon le Manuel de la balance des paiements du FMI (MBP6), les deux postes de la balance des paiements qui constituent les transferts de fonds sont les *transferts personnels* et la *rémunération des salariés*. Les *transferts personnels* font référence aux transferts courants en espèces ou en nature reçus par les résidents en provenance de particuliers dans d'autres pays ; la *rémunération des employés* désigne les revenus perçus par les non-résidents dans le cadre d'activités frontalières, saisonnières ou de court terme, ainsi que les revenus des travailleurs employés par les ambassades, les organisations internationales et les organisations non gouvernementales. L'ensemble des revenus de ces deux catégories de travailleurs est inclus dans cette définition, qu'il soit transféré ou non dans le pays d'origine. Dans le cas du Mali, plus de 90 % des transferts reçus sont constitués par des *transferts personnels*.

[2] Le cinquième recensement général de la population et de l'habitat du Mali doit être effectué à la fin de 2021, soit après la publication de ce rapport. Les premiers résultats devraient être publiés dans le courant de l'année 2022.

Annexe A. Sources de données sur les émigrés maliens

Les émigrés maliens étant établis dans plusieurs pays, les analyses comparatives les concernant nécessitent des données portant sur plusieurs pays. Afin de garantir une comparaison valable des émigrés résidant dans les différents pays, les définitions utilisées et les normes de collecte des données ne doivent pas présenter de différence majeure d'un pays à l'autre.

Chaque source de données peut fournir des informations sur un aspect différent de l'émigration au départ du Mali, comme l'expose ci-après la description associée à chaque source de données portant sur plusieurs pays. Les analyses entre pays sont complétées par des analyses recourant à des groupes de données détaillées portant sur un seul pays.

Base de données sur les immigrés dans les pays de l'OCDE (DIOC), 2000/01, 2005/06, 2010/11 et 2015/16

La Base de données sur les immigrés dans les pays de l'OCDE (DIOC) couvre les pays de destination de l'OCDE pour lesquels des données ont été collectées à la fois en 2000/01, 2005/06, 2010/11 et en 2015/16. Les principales sources des données DIOC sont les registres administratifs nationaux et les recensements de population. Lors des recensements réalisés en 2000/01, quasiment tous les pays de l'OCDE ont collecté des informations sur le pays d'origine des émigrés, afin qu'il soit possible pour la première fois d'avoir une vision approfondie des effectifs d'émigrés dans les pays de l'OCDE (pour plus d'informations générales sur la base DIOC, (voir d'Aiglepierre et al. (2020[1])). Lorsque les recensements n'étaient pas disponibles ou incomplets, ils ont été remplacés par des enquêtes sur la main-d'œuvre.

Pour deux périodes, 2000/01 et 2010/11, la base DIOC contient des informations sur les populations âgées de 15 ans et plus provenant de plus de 200 pays d'origine qui résident dans des pays de destination de l'OCDE. Les variables principales sont le pays de résidence, le pays de naissance, le sexe et le niveau d'études. D'autres variables – âge, durée du séjour, participation au marché du travail et profession – peuvent être croisées avec les variables principales mais pas toujours entre elles. Les données portant sur l'emploi et la profession sont généralement disponibles pour la population âgée de plus de 15 ans. Dans certaines parties, l'étude se penche sur les personnes en âge de travailler, à savoir ayant entre 15 et 64 ans.

Base de données de l'OCDE sur les migrations internationales (2000-19)

La base de données de l'OCDE sur les migrations internationales couvre les flux annuels de migration légale. Les flux annuels d'entrées et de sorties de population étrangère par nationalité sont estimés à partir notamment des registres de population nationaux, des permis de résidence et/ou de travail, et des enquêtes spécifiques nationales. Cette base repose en grande partie sur les contributions individuelles des correspondants nationaux (le Groupe d'experts de l'OCDE sur les migrations) et couvre la plupart des pays de l'OCDE ainsi que les pays baltes, la Bulgarie et la Roumanie. Les données n'ont pas nécessairement été harmonisées au niveau international et doivent par conséquent être interprétées avec prudence. Par exemple, les flux vers les États-Unis incluent uniquement les migrants permanents, alors que d'autres pays incluent aussi les migrants temporaires tels que les travailleurs saisonniers, les étudiants ou les réfugiés. Par ailleurs, les critères d'enregistrement des populations et les conditions d'obtention d'une carte de séjour varient selon les pays, ce qui a d'importantes répercussions sur les mesures obtenues. Enfin, la migration irrégulière n'est que partiellement couverte, il est donc important de noter que les flux migratoires réels sont susceptibles d'être supérieurs aux flux migratoires légaux.

Base de données d'Eurostat sur les permis de résidence délivrés aux ressortissants de pays tiers (2008-19)

Les statistiques sur les permis de séjour concernent les ressortissants de pays tiers (personnes qui ne sont pas des citoyens de l'Union Européenne) recevant un permis de séjour ou une autorisation de résider dans l'un des états membres de l'UE, dans les pays de l'AELE (Islande, Lichtenstein, Norvège et Suisse) ou au Royaume-Uni. Les données sont basées sur des sources administratives, à l'exception du Royaume-Uni, et sont fournies principalement par les ministères de l'intérieur ou les agences d'immigration. Le Royaume-Uni n'a pas de système de permis de séjour donc les statistiques pour ce pays concernent plutôt le nombre de citoyens hors de l'Union Européenne qui arrivent sur le territoire et sont autorisés à entrer dans le pays dans le cadre de certaines catégories d'immigration. Un permis de résidence correspond à toute autorisation valable pendant au moins 3 mois délivrée par les autorités d'un État membre permettant à un ressortissant de pays tiers de séjourner légalement sur son territoire.

Enquête mondiale Gallup

L'Enquête mondiale *Gallup* permet notamment d'obtenir des informations sur les intentions d'émigration auto-déclarées des personnes nées et résidant au Mali, ainsi que des émigrés maliens résidant à l'étranger. Cette enquête couvre un vaste ensemble de thèmes comportementaux et économiques. Elle est réalisée dans environ 140 pays sur la base d'un questionnaire commun, traduit dans la langue prédominante de chaque pays. Chaque année depuis 2006, plus de 100 questions ont été posées à un échantillon représentatif d'environ 1 000 personnes âgées de 15 ans et plus. Dans certains pays, Gallup collecte des échantillons élargis dans les régions ou les villes présentant un intérêt particulier. Au total, entre 2006 et 2020, les données ont été recueillies auprès de 14 130 individus au Mali (environ 1 000 observations par année). On observe aussi 522 émigrés maliens interrogés dans leurs pays d'accueil entre 2009 et 2021 (de 12 à 60 observations selon l'année d'enquête). 27 % de ces observations ont été faites en Mauritanie et 23 % au Gabon, 13 % en Côte d'Ivoire et 11 % au Burkina Faso. Très peu d'individus ont été enquêtés dans les pays de l'OCDE. Cependant, concernant les intentions d'émigration, plus précisément pour la question « Dans l'idéal, si vous en aviez l'opportunité, souhaiteriez-vous vivre de façon permanente dans un autre pays? », les données ne sont pas disponibles pour les années 2019 et 2020.

Enquête Afrobaromètre

L'enquête Afrobaromètre est une enquête conduite tous les deux ans depuis 1999 dans un nombre croissant de pays du continent africain afin de mesurer les attitudes des individus sur la gouvernance, la démocratie, l'économie, la société civile, les services publiques la justice ou encore le panafricanisme. La vague d'enquête 2016/18 est la septième et dernière vague d'enquête disponible. Collectée dans 34 pays, elle inclut des questions sur les intentions d'émigration des citoyens africains, telles que les difficultés perçues à franchir les frontières, le statut migratoire, les intentions d'émigrer, le pays le plus probable pour l'émigration, et la principale raison d'émigrer. Les échantillons, représentatifs au niveau national, comprennent entre 1 200 et 2 400 individus de 18 ans ou plus. Les réponses à ces questions peuvent être croisées avec plusieurs caractéristiques sociodémographiques telles que l'âge, le sexe, le niveau d'éducation et la situation sur le marché de l'emploi. Il convient donc de prendre les résultats de cette enquête avec précaution.

Enquêtes sur les forces de travail en France et en Italie

Afin d'obtenir des données récentes sur l'insertion économique des émigrés, ce rapport s'appuie notamment sur l'Enquête Emploi en Continu (EEC) en France réalisée par l'Insee et l'Enquête sur la main d'œuvre en Italie de l'Istat. Ces enquêtes permettent de mesurer, pour les émigrés maliens grâce à la variable « pays de naissance », les concepts d'activité, d'emploi et de chômage conformément aux critères établis par le BIT, et comportent de nombreuses questions liées à l'emploi afin d'obtenir des données selon les nomenclatures et les définitions européennes. Ces enquêtes sont réalisées de manière trimestrielle.

Programme international de l'OCDE pour l'évaluation des compétences des adultes (PIAAC)

Le PIAAC est une étude portant sur les adultes en âge de travailler (16 à 65 ans) qui a pour ambition d'évaluer leurs compétences selon un cadre permettant des comparaisons internationales. Les tests évaluent en particulier les compétences nécessaires pour participer de manière efficace à la société et remplir ses fonctions au travail. Les compétences testées comprennent la lecture, l'écriture, le calcul et la capacité à résoudre des problèmes dans un environnement à forte composante technologique. En complément, un questionnaire porte sur la manière dont les adultes utilisent leurs compétences à la maison et au travail. En 2011/12, l'enquête a été menée simultanément dans 24 pays, dont la plupart sont membres de l'OCDE. En Belgique, seule la Flandre est couverte, et au Royaume-Uni, uniquement l'Angleterre et l'Irlande du Nord. Sa mise en œuvre a été confiée à sept instituts de recherche et les échantillons comptaient 5 000 personnes dans la plupart des pays participants.

Étudiants en mobilité internationale (base de données de l'UOE)

La base de données créée par l'UNESCO-OCDE-Eurostat (UOE) sur les statistiques en matière d'éducation est compilée à partir de sources administratives nationales, publiées par le ministère de l'Éducation ou l'Office national des statistiques du pays. Afin d'évaluer la mobilité des étudiants, une distinction est faite entre les étudiants étrangers résidents, c'est-à-dire qui résident dans le pays en raison d'une immigration antérieure de leur fait ou de leurs parents – et les étudiants étrangers non-résidents, c'est-à-dire qui sont venus dans le pays expressément pour y poursuivre leurs études. On entend par « étudiants en mobilité internationale » les étudiants dont la résidence permanente se situe en dehors du pays en question, et les données sur les étudiants n'ayant pas la nationalité du pays ne sont utilisées que lorsque les informations sur les étudiants étrangers non-résidents ne sont pas disponibles. Les données sur les étudiants en mobilité internationale ne sont disponibles que depuis 2004.

Références

d'Aiglepierre, R. et al. (2020), « A global profile of emigrants to OECD countries : Younger and more skilled migrants from more diverse countries », *Documents de travail de l'OCDE sur les questions sociales, l'emploi et les migrations*, n° 239, Éditions OCDE, Paris, https://dx.doi.org/10.1787/0cb305d3-en. [1]

Annexe B. Différentes définitions des Maliens résidant à l'étranger

Il n'y a pas de définition unique qui capture tous les individus que l'on pourrait qualifier de Maliens résidant à l'étranger. Dans le contexte de l'émigration, les Maliens résidant à l'étranger sont de préférence définis comme des individus nés au Mali et qui résident à l'étranger. L'alternative principale est de les identifier comme étant les individus de nationalité malienne qui résident à l'étranger.

Les deux définitions présentent des avantages et des inconvénients. La définition se référant aux personnes nées au Mali n'inclut pas les individus nés hors du Mali mais qui sont par ailleurs de nationalité malienne, comme les enfants de ressortissants maliens à l'étranger. Par contre, cette définition comprend les personnes nées au Mali (et résidant à l'étranger) mais de parents étrangers.

En raison de la disponibilité des données, ce rapport utilise la définition du pays de naissance, mais des statistiques concernant les ressortissants maliens sont également présentées. Pour clarifier la définition utilisée dans chacun des cas, l'étude fait référence aux « émigrés maliens » ou « personnes nées au Mali » quand le critère est celui du pays de naissance. Les détenteurs de la nationalité malienne seront toujours désignés comme « ressortissant maliens ». Les deux groupes se regroupent largement : de nombreux ressortissants maliens sont également nés au Mali et vice-versa. Les descendants d'émigrés maliens sont définis comme les personnes nées à l'étranger ayant au moins un parent né au Mali.

Les sources de données disponibles (voir Annexe A) offrent beaucoup moins d'information sur les ressortissants maliens que sur les émigrés maliens. En particulier, les ressortissants maliens qui ne sont pas nés au Mali ne peuvent pas être identifiés dans tous les pays de l'OCDE. Par conséquent, le nombre total de ressortissants maliens qui résident dans les pays de l'OCDE ne peut être établi avec précision. Uniquement pour les pays de l'Union européenne, il est possible d'identifier les personnes qui ne détiennent pas d'autre nationalité que la nationalité malienne et qui ne sont pas nées au Mali. Ce groupe étant petit, le nombre total d'émigrés maliens et le nombre total de ressortissants maliens à l'étranger peuvent être très proches.

Les données disponibles ne permettent pas de déterminer la composition par nationalité des émigrés maliens. Une seule nationalité est enregistrée pour chaque personne. Quand une personne a la nationalité du pays OCDE de résidence, celle-ci est enregistrée. Il n'est pas possible de savoir combien de ces personnes ont aussi la nationalité malienne. Toutefois, on peut supposer que presque tous les émigrés maliens sont aussi des ressortissants maliens car la nationalité malienne est normalement acquise à la naissance et est perdue ou peut être abandonnée dans des circonstances exceptionnelles uniquement. Ceci implique que les émigrés maliens dont on sait qu'ils ont la nationalité d'un pays de l'OCDE ont en général la double nationalité.

Le biais consiste à utiliser le lieu de résidence dans ces définitions : les personnes qui sont nées au Mali, y vivent, mais travaillent à l'étranger ne sont pas comptées dans les émigrés maliens ; de même pour les ressortissants maliens. Cela concerne en particulier les personnes qui résident au Mali et sont employées de façon temporaire ou saisonnière dans les pays de l'OCDE. Si les travailleurs temporaires ou saisonniers sont rarement considérés comme des émigrés, leur nombre peut être élevé.

En général, les effectifs estimés dépendent considérablement de la définition utilisée pour les Maliens résidant à l'étranger. Notamment les effectifs présentés par le gouvernement malien sont souvent basés sur le registre des consulats maliens et dépassent largement les effectifs obtenus dans cette étude, qui sont basés sur des recensements dans les pays de l'OCDE.

www.ingramcontent.com/pod-product-compliance
Lightning Source LLC
LaVergne TN
LVHW061943070526
838199LV00060B/3951